Deutschland

A

AUGSBURG
Stadt Augsburg
Bundesland: **Bayern**

Die Augsburger Puppenkiste gibt es seit 1948. Begonnen hat alles mit der Geschichte vom Gestiefelten Kater. Die berühmtesten Figuren dieses Marionettentheaters sind aber Lukas der Lokomotivführer, Jim Knopf und natürlich das Urmel aus dem Eis. Erfunden hat die Puppenkiste Walter Oehmichen. Und bis heute ist die Puppenkiste mit dem schrägen Schriftzug das Markenzeichen des Theaters.

AB

ASCHAFFENBURG
Kreis: Aschaffenburg
Bundesland: **Bayern**

Eine römische Villa in Aschaffenburg? Genau! König Ludwig I. ließ die Villa von Friedrich von Gärtner errichten. Die Ausgrabungen in Pompeji inspirierten ihn dazu. Entstanden ist die Rekonstruktion eines römischen Wohnhauses, prachtvoll ausgestattet mit Wandmalereien und Mosaikböden, die sich an antiken Originalen orientieren.

AA

AALEN
Kreis: Ostalbkreis
Bundesland: **Baden-Württemberg**

Einer der Schlossherren auf Schloss Fachsenfeld war begeisterter Rennfahrer: Reinhard von Koenig-Fachsenfeld war 1924 Deutscher Motorradstraßenmeister. Nach seiner Sportlerkarriere begann er sich mit Autokarosserien auseinanderzusetzen. Er entwickelte Formen, die wenig Luftwiderstand boten und von Rennfahrern wie Kurt May geschätzt wurden. Einige Rennwagen kann man auf Fachsenfeld sehen.

ABG

ALTENBURG
Kreis: Altenburger Land
Bundesland: **Thüringen**

Die meisten deutschen Spielkarten stammen aus Altenburg. Und nicht nur das: In Altenburg wurde das Skatspiel erfunden. In dieser Stadt gibt es deshalb einen Skatbrunnen, eine Spielkartenfabrik und im Schloss ein Spielkartenmuseum. Skat wurde übrigens Anfang des 19. Jahrhunderts aus dem »Schafkopf«, »L'hombre«, »Solo« und dem »Tarock« entwickelt.

ABI

ANHALT-BITTERFELD
Kreis: Anhalt-Bitterfeld
Bundesland: **Sachsen-Anhalt**

In Altjeßnitz findet man einen Irrgarten, der einzigartig ist. Es handelt sich um den größten und ältesten in Deutschland erhaltenen historischen Irrgarten, ein Heckenlabyrinth, das sich über 2600 m² zieht. Es dauert eine Weile, bis man diesen Irrgarten durchquert hat. Die Hainbuchen-Hecken sind 2 m hoch. Ziel ist es, eine Aussichtsplattform im Zentrum des Gartens zu erreichen.

Auerbach wurde erstmalig 1282 urkundlich erwähnt. Die Stadt wird auch die »Drei-Türme-Stadt« genannt, weil die drei Wahrzeichen der Stadt der Turm der Stadtkirche St. Laurentius, der Schlossturm und der Turm der Kirche »Zum Heiligen Kreuz« sind. Das Auerbacher Museum gibt einen Einblick in die Stadtgeschichte.

AE

AUERBACH
Kreis: Vogtlandkreis
Bundesland: **Sachsen**

AC

AACHEN
Stadt Aachen
Bundesland: **Nordrhein-Westfalen**

Aachen ist berühmt für die Printen. Ursprünglich waren Printen kunstvolle Lebkuchen-Figuren mit vielen Verzierungen. Napoleons Kontinentalsperre, die 1806 begann, verknappte die Zutaten. Die Bäcker begannen den Teig mit Zuckerrübensirup zu süßen, was ihn so dick machte, dass die Printen nur noch zu schlanken Rechtecken geformt werden konnten. Der Zuckerrübensirup ist immer noch Bestandteil der Printe und die Rechteckform wurde beibehalten.

Mitten in Ahaus liegt ein Schloss, das Wahrzeichen und Zentrum der Stadt ist. Erbaut wurde es als Jagdresidenz, an einer Stelle, an der es bereits im 11. Jahrhundert eine Burg gab. So prächtig das Gebäude, so wechselhaft ist seine Geschichte: Im 19. Jahrhundert beherbergte es eine Tabakfabrik. Im Zweiten Weltkrieg brannte es völlig aus. Heute findet man u. a. ein Schulmuseum im Gebäude.

AH

AHAUS
Kreis: Borken
Bundesland: **Nordrhein-Westfalen**

AIB

BAD AIBLING
Kreise: München, Rosenheim
Bundesland: **Bayern**

Bad Aibling ist berühmt für seine Desiderius-Quelle – benannt nach dem Begründer der ersten Moorschlamm-Badeanstalt. Diese Quelle, deren Wasser aus fast 2300 Meter Tiefe stammt, macht die Stadt zum ältesten Moorheilbad Bayerns. Das Heilwasser sprudelt mit 39 Grad Celsius aus der Erde. Vom Maxlrainer Schloss bei Bad Aibling starten jedes Jahr unzählige Oldtimer zu einer mehrtägigen Rallye durch die Alpen.

AIC

AICHACH
Kreis: Aichach-Friedberg
Bundesland: **Bayern**

Das Sisi-Schloss, also das Schloss, in dem Kaiserin Elisabeth von Österreich aufgewachsen ist, steht im Aichacher Stadtteil Unterwittelsbach. Das Wasserschloss gehörte Sisis Vater Herzog Max in Bayern. Eine Lithografie aus dem Jahr 1841 zeigt die gesamte Familie vor dem Schloss.

AK

ALTENKIRCHEN
Kreis: Altenkirchen (Westerwald)
Bundesland: **Rheinland-Pfalz**

Die Grube Bindweide ist ein Erzbergwerk, das man besuchen und in das man einfahren kann. In der Grube galten die Arbeits- und Abbaubedingungen als sehr schwierig. Der Gebirgsdruck war hoch, der Wasserzufluss erfolgte in großen Mengen und die Stollen mussten aufwendig abgesichert werden. Als Arbeitgeber war die Grube für das Umland wichtig.

ALF

ALFELD (LEINE)
Kreis: Hildesheim
Bundesland: **Niedersachsen**

Als Industriebau der Moderne zählt das Fagus-Werk, das zwischen 1910 und 1915 entstanden ist und seit 2011 zum UNESCO-Weltkulturerbe gehört. Geschaffen wurde es von Architekt und Bauhausgründer Walter Gropius. Auf fünf Etagen können im Werk Ausstellungen besichtigt werden, u. a. zum Thema »Der Wald«, »Baugeschichte« oder »Hundert Jahre Schuhmode«.

D ALZ

ALZENAU
Kreis: Aschaffenburg
Bundesland: **Bayern**

Die Burg Alzenau liegt auf einem Hügel nordöstlich oberhalb der Stadt Alzenau und ist das Wahrzeichen der Stadt. Sie stammt aus dem 14. Jh. Heute wird die Anlage als Veranstaltungsort genutzt. Es finden dort regelmäßig kulturelle Veranstaltungen statt, wie z. B. die Burgfestspiele. Während einer Führung kann die Burg auch besichtigt werden.

D AN

ANSBACH
Kreis: Ansbach
Bundesland: **Bayern**

In Ansbach gibt es ein Kaspar-Hauser-Denkmal und im Markgrafen-Museum drei Räume, die diesem berühmten Sohn der Stadt und seiner unglaublichen Geschichte gewidmet sind. Das Findelkind tauchte am 26. Mai 1828 ungefähr 15- bis 17-jährig auf und konnte kaum sprechen. Zweimal wurde ein Attentat auf ihn verübt, dem zweiten erlag er am 14. Dezember 1833. Bis heute weiß man nicht, ob er ein Hochstapler oder der Sohn des badischen Großherzogs war.

D AM

(auslaufend)
AMBERG
Stadt Amberg
Bundesland: **Bayern**

In Amberg gibt es ein Museum zu dem Element, das am wenigsten begreifbar ist: zur Luft. In diesem Museum wird die Luft hörbar, fühlbar, man kann sie ansehen und lernt, sie wahrzunehmen: Wer denkt schon daran, dass er auf einem luftgefederten Fahrzeugsitz Platz nimmt? In Amberg gibt es das kleinste Hotel der Welt: Im Eh'häusl können genau zwei Gäste übernachten.

D ANA

ANABERG-BUCHHOLZ
Kreis: Erzgebirgskreis
Bundesland: **Sachsen**

Silbererzgänge wurden 1491 am Schreckenberg entdeckt. Der Fund zog so viele Menschen an, dass bereits fünf Jahre später auf dem heutigen Gebiet eine Stadt gegründet wurde. Im 16. Jahrhundert zählte die Stadt zu einer der größten im deutschsprachigen Raum. Das Bergwerk »Markus-Röhling-Stolln« vermittelt die Zeit des Silber- und Kobaltbergbaus, u. a. kann man dort ein neun Meter hohes Kunstrad bewundern (s. Bild).

D ANG

ANGERMÜNDE
Kreis: Uckermark
Bundesland: **Brandenburg**

Der berühmte Michael Kohlhaas aus Kleists Novelle hatte ein lebendes Vorbild: Hans Kohlhase. Dieser soll im Februar 1530 in Angermünde zwei Pferde gekauft haben, von denen später behauptet wurde, Kohlhase habe sie gestohlen. Der Fall geht vor Gericht, kann aber nicht zweifelsfrei geklärt werden. Das führte schließlich zur Fehde, die Kohlhase gegen Sachsen führte, und im März 1540 zu seiner Hinrichtung.

Die »Schwarze Madonna« und Altötting gehören zusammen. Altötting ist ein auf der ganzen Welt bekannter und sehr bedeutender Wallfahrtsort. Seit über 500 Jahren pilgern Gläubige dorthin, um zu bitten und zu beten. Die vielen Votivtafeln rund um die Gnadenkapelle erzählen davon.

D AÖ

ALTÖTTING
Kreis: Altötting
Bundesland: **Bayern**

D ANK

ANKLAM
Kreis: Vorpommern-Greifswald
Bundesland:
Mecklenburg-Vorpommern

Anklam war einst eine reiche Stadt, die nicht nur Seehandel, sondern auch Binnenhandel betrieb. 1283 trat sie der Hanse bei. Und sie hat einen berühmten Sohn: Der Flugpionier Otto Lilienthal wurde in Anklam geboren. Zu dem Museum, das ihm gewidmet ist, gehört auch ein Freigelände am Anklamer Flughafen.

Im Jahr 1593 wird in einem Zinsregister der Stadt »David der Strickermann« genannt. Damals arbeiteten also schon Handstricker in Apolda. 1589 wurde eine Maschine erfunden, die 10-mal schneller als ein Mensch stricken konnte. 1690 stand der erste »Strumpfwirkstuhl« in Apolda, 1714 schon 257. Das war der Grundstein für eine florierende Strickwarenindustrie bis ins 20. Jahrhundert hinein.

D AP

APOLDA
Kreis: Weimarer Land/Apolda
Bundesland: **Thüringen**

APD

APOLDA
Kreis: Weimarer Land
Bundesland: **Thüringen**

In Apolda wurden von 1722 bis 1988 Glocken gegossen, weshalb man auch von der Glockengießerstadt Apolda spricht. Auch die Petersglocke vom Kölner Dom stammt von hier. Seit 1999 findet alle fünf Jahre in Apolda das Weltglockengeläut statt, eine Veranstaltung, auf der mit Glocken musiziert wird. In der Stadt kann man an verschiedenen Orten täglich Glockenspiele hören oder im Glockenmuseum alles rund um dieses Thema erfahren: Wie werden Glocken hergestellt, verziert oder welche berühmten Glocken gibt es?

ART

ARTERN
Kreis: Kyffhäuserkreis
Bundesland: **Thüringen**

Artern hatte eine Saline. Heute wird die Solequelle, deren Wasser pro Liter 22 bis 25 g Salz enthält, für ein Soleschwimmbad genutzt. Das Gebiet rund um die Sole ist ein Naturschutzgebiet – hier wachsen und leben seltene Pflanzen und Tiere, wie z. B. Salzwermut oder Salzkäfer. Und Artern hat eine »echte« Prinzessin! Alle zwei Jahre wird in Artern eine Salzprinzessin gekürt.

ARN

ARNSTADT
Kreis: Ilm-Kreis
Bundesland: **Thüringen**

Ausgenommen der römischen Siedlungsgebiete ist Arnstadt eine der ältesten urkundlich erwähnten Städte in Deutschland. Eine Urkunde aus dem Jahr 704 nennt die Stadt zum ersten Mal. Außerdem ist Arnstadt auch eine Bachstadt: Johann Sebastian Bach hatte von 1703 bis 1707 dort einen Posten als Organist, er war damals erst 18 Jahre alt.

AS

AMBERG-SULZBACH
Kreis: Amberg-Sulzbach
Bundesland: **Bayern**

Im Vogelturm in Vilseck gibt es das erste deutsche Türmermuseum, ein Museum, das die Aufgaben eines Türmers beschreibt. Der musste vom höchsten Turm aus Ausschau halten: Je nach Bedarf meldete er feindliche Truppen oder ein Feuer. Entweder blies er dazu in ein Horn oder er schwenkte Signalflaggen.

ASL

ASCHERSLEBEN
Kreis: Salzlandkreis
Bundesland: **Sachsen-Anhalt**

Die älteste Stadt Sachsen-Anhalts ist Aschersleben. Im ehemaligen Gefängnis der Stadt ist seit 2003 das Kriminalpanoptikum untergebracht: Historische Gefängnisausstattungen, Folterinstrumente, Tatwaffen, Uniformen, Räuber- und Gendarm-Handpuppen oder eine authentisch eingerichtete Gefängniszelle – alles rund um die Kriminalgeschichte kann hier entdeckt werden.

AT

ALTENTREPTOW
Kreis: Mecklenburgische Seenplatte
Bundesland: **Mecklenburg-Vorpommern**

Bei Altentreptow liegt das Tollensetal. Die Tollense ist ein kleiner Fluss, der bei Archäologen bekannt ist: Er fließt nämlich durch eines der ältesten Schlachtfelder Europas. An der Böschung und im Fluss werden immer wieder Knochen gefunden, die von Pfeilspitzen aus Feuerstein durchbohrt sind. Tausende Krieger kämpften in einer blutigen Schlacht um ca. 1300 v. Chr., also in der Bronzezeit, gegeneinander.

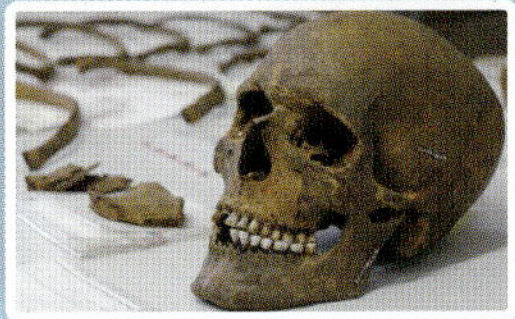

ASZ

AUE-SCHWARZENBERG
Kreis: Erzgebirgskreis
Bundesland: **Sachsen**

Im Eisenbahnmuseum Schwarzenberg gibt es neben Dampf- und Diesellokomotiven, Gleiskrafträder, die auch »Schienentrabant« genannt werden. Die Führerstände der restaurierten Dampfloks dürfen bestiegen werden, sodass man nicht nur jeden Hebel und jedes Instrument aus der Nähe betrachten, sondern sich auch wie ein Lokomotivführer fühlen kann.

AU

AUE
Kreis: Erzgebirgskreis
Bundesland: **Sachsen**

In der Weißen Erdenzeche zu Aue wurde 1698 Kaolin (weiße Tonerde) entdeckt und auch schon bald gefördert. Das Kaolin war von so guter Qualität, dass ab 1711 die Porzellanmanufaktur Meissen ausschließlich mit dem Auer Produkt arbeitete. Im Jahr 1728 gab es dann sogar vom Kurfürsten die Anweisung, dass das Auer Kaolin keinesfalls außer Landes gebracht werden darf.

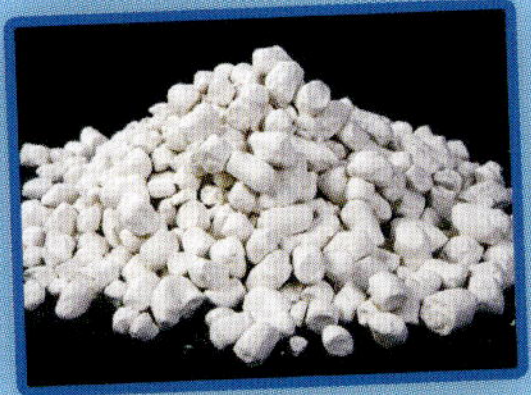

AUR

AURICH
Kreis: Aurich
Bundesland: **Niedersachsen**

Wer schon einmal auf einer der ostfriesischen Inseln Baltrum, Juist oder Norderney Urlaub gemacht hat, kennt Aurich – zumindest wenn er mit dem Auto unterwegs ist. Der Weg zum Fährhafen führt nämlich immer durch diese Kreisstadt. Auf dem Marktplatz steht der Sous-Turm, der von den Einheimischen als Tauchsieder bezeichnet wird.

AZ

ALZEY
Kreis: Alzey-Worms
Bundesland: **Rheinland-Pfalz**

Das Alzeyer Museum beschäftigt sich mit der Besiedelungsgeschichte der Region. 1902 fand man ein Römerkastell, das sich dort befand, wo jetzt die Stadt liegt. Spätere Ausgrabungen haben römische Großplastiken zutage gefördert, die heute im Museum stehen. Eine Biermaische, die 352 n. Chr. angesetzt wurde und damit das älteste Bier Deutschlands ist, kann ebenfalls bestaunt werden.

AW

AHRWEILER
Kreis: Ahrweiler
Bundesland: **Rheinland-Pfalz**

Deutschlands berühmteste Rennstrecke liegt in diesem Landkreis: der Nürburgring. In der Erlebniswelt Nürburgring kann man die Rennatmosphäre ein bisschen schnuppern. Es gibt Fahrsimulatoren, eine Kartbahn und die Originale legendärer Rennwagen zu bestaunen.

AZE

ANHALT-ZERBST
Kreis: Anhalt-Bitterfeld
Bundesland: **Sachsen-Anhalt**

Katharina die Große, die berühmte Zarin von Russland, wurde am 2.5.1729 als Prinzessin Sophie Auguste Friederike und erste Tochter des Fürsten von Anhalt-Zerbst-Dornburg geboren. 1742 zog die Familie ins Zerbster Schloss – dort lebte sie zwei Jahre lang. 1762 stürzte Prinzessin Sophie ihren Mann Zar Peter III. vom Thron und ließ sich zur Zarin Katharina II. krönen.

B

BERLIN
Stadt Berlin
Bundesland: **Berlin**

Wer Hunger hat, sollte auf gar keinen Fall in eines der witzigsten Museen Berlins gehen: in das Currywurstmuseum. Dieses Museum ist ein Denkmal für einen Teil der deutschen Kultur- und Gesellschaftsgeschichte. Die Currywurst wird nicht nur besungen, sondern immer wieder in Film, Funk und in der Literatur thematisiert. Spannend ist es, entweder auf dem Funk- oder dem Fernsehturm Berlin von oben zu entdecken.

BAD

BADEN-BADEN
Stadt Baden-Baden
Bundesland: **Baden-Württemberg**

Nicht umsonst kommt das Wort Baden in Baden-Baden zweimal vor. Schon die alten Römer schätzten die Thermen und ihre entspannende Wirkung. Unterhalb des Römerplatzes kann man eine über 2000 Jahre alte Badeanstalt besichtigen und in das römische Leben eintauchen.

BA

BAMBERG
Kreis: Bamberg
Bundesland: **Bayern**

Im Bamberger Dom gibt es einen geheimnisvollen Reiter. Bis heute weiß man nicht, wer in diesem Standbild verewigt wurde. Bamberg wird übrigens oft als »Fränkisches Rom« bezeichnet. Genau wie Rom wurde die Stadt nämlich auf sieben Hügeln gebaut.

BAR

BARNIM
Kreis: Barnim
Bundesland: **Brandenburg**

Im Landkreis Barnim gibt es das Schiffhebewerk Niederfinow. Es ist der größte Schiff-Fahrstuhl in Europa. Mit ihm können Schiffe über 36 m angehoben werden. Das Hebewerk ist ein Baudenkmal, das 1934 eingeweiht wurde und den Höhenunterschied am Oder-Havel-Kanal überwindet. Von März bis Oktober kann man das Werk besichtigen und mit einem Schiff den Aufzug hinauf- und hinunterfahren.

BB

BÖBLINGEN
Kreis: Böblingen
Bundesland: **Baden-Württemberg**

Die meisten von uns essen gerne einmal ein Stück Wurst oder Fleisch. In Böblingen gibt es ein Museum dazu, das einmalig ist: das Deutsche Fleischermuseum. Die Geschichte des traditionsreichen Handwerks wird dort umfassend dokumentiert.

BC

BIBERACH
Kreis: Biberach
Bundesland: **Baden-Württemberg**

Im Kletterpark Biberach gibt es einen Kletterfelsen, der 15 Meter hoch ist. Der Aufstieg erfordert Kondition, Kraft und vor allem ein gutes Auge. Hat man es geschafft, fühlt man sich aber wie einer der ganz großen Bergsteiger. Im Hochseilgarten geht es ebenfalls gleich in die Höhe: Die erste Plattform liegt 10 Meter über dem Erdboden.

BBG

BERNBURG
Kreis: Salzlandkreis
Bundesland: **Sachsen-Anhalt**

In der Bibliothek des Museums Schloss Bernburg befindet sich eine der ältesten und wertvollsten Ausgaben von Luthers Werken. Der Erhaltungszustand der Gesamtausgabe ist sehr gut, 10 von 12 Bänden sind dort zu sehen. Außerdem wartet das Schloss mit einer Besonderheit auf: dem Eulenspiegelturm. Angeblich hielt Till Eulenspiegel von dem 44 Meter hohen Turm Ausschau nach Feinden.

BCH

BUCHEN
Kreis: Neckar-Odenwald-Kreis
Bundesland: **Baden-Württemberg**

Buchen hat mehr als 500 Jahre Faschenachtstradition und es gibt eine besondere Faschenachtsfigur: das Huddelbätz. Das Kostüm dieses Wesens besteht aus über 2000 bunten Stofflecken, die wie Ziegel übereinandergenäht werden. Die vielen Farben und das Birkenreisig, das die Figur in der Hand trägt, symbolisieren den Frühling und stehen für die Lebendigkeit der Natur, die langsam wiedererwacht.

BE

BECKUM
Kreis: Warendorf
Bundesland: **Nordrhein-Westfalen**

Etwas ganz Besonderes gibt es in Beckum: das Zementmuseum. Es gab so viele Zement herstellende Betriebe in und um Beckum, das man auch vom »Beckumer Zementrevier« spricht. Entwickelt hat das Revier sich dank des Aufstiegs des nah gelegenen Ruhrgebiets. 1930 gab es 32 Zementwerke.

BER

BERNAU
Kreis: Barnim
Bundesland: **Brandenburg**

Jedes Jahr wird in Bernau das Hussitenfest gefeiert. Bernau wurde im April 1432 von den Hussiten belagert. Das Fest begründet sich auf der erfolgreichen Verteidigung Bernaus und den damit verbundenen Abzug der Hussiten. Beim Festumzug präsentieren über 1600 Akteure die Geschichte der Stadt.

BED

BRAND-ERBISDORF
Kreis: Mittelsachsen
Bundesland: **Sachsen**

Schon im 13. Jahrhundert begann man in Brand-Erbisdorf mit dem Silberbergbau. 1873 wurde im Deutschen Reich Silber als Währung abgeschafft. Silber war nur noch Metall, das gehandelt wurde. Der Preisverfall des Silbers traf die Region und führte zur Verstaatlichung der Silbergruben. Die Geschichte des Bergbaus wird im Museum »Huthaus Einigkeit« geschildert, zusätzlich gibt es einen 40 km langen Bergbaulehrpfad, auf dem man 100 Objekte entdecken kann.

BF

BURGSTEINFURT
Kreis: Steinfurt
Bundesland: **Nordrhein-Westfalen**

Am Rande der Burgsteinfurter Altstadt liegt ein Wasserschloss auf einer beinahe kreisförmigen Insel. Bis heute wird das Schloss, das eines der ältesten Wasserschlösser in Nordrhein-Westfalen ist, bewohnt. Man kann es also nicht besichtigen.

BGD

BERCHTESGADEN
Kreis: Berchtesgadener Land
Bundesland: **Bayern**

Berchtesgaden hat den einzigen Alpen-Nationalpark Deutschlands zu bieten und das »Haus der Berge«. Neben der Ausstellung im Museum werden auf einem Panoramaweg die vier Hauptlebensräume des Nationalparks Wasser, Wald, Alm und Fels vorgestellt. Bei gutem Wetter kann man einen herrlichen Ausblick auf Watzmann, Hochkalter und Jenner genießen.

BH

BÜHL
Kreis: Ortenaukreis, Rastatt
Bundesland: **Baden-Württemberg**

Deutschland ist europaweit der größte Zwetschgenproduzent. Zu den besonders beliebten Sorten zählt die Bühler Frühzwetschge. Weil sie so beliebt ist, gibt es in Bühl ein Fest ihr zu Ehren. Das Zwetschgenfest findet alljährlich am zweiten Septemberwochenende statt. Die Zwetschge findet man dort als frisches Obst, als Mus, als Marmelade, als Likör und Schnaps.

BGL

BERCHTESGADENER LAND
Kreis: Berchtesgadener Land
Bundesland: **Bayern**

Bekanntester Berg im Berchtesgadener Land ist der Watzmann. Man muss schon eine ganz gute Kondition haben, um ihn zu besteigen. Der Berg wirkt ziemlich imposant. Übrigens hat Wolfgang Ambros 1974 eine Schallplatte gemacht, die »Der Watzmann ruft« heißt.

BI

BIELEFELD
Stadt Bielefeld
Bundesland: **Nordrhein-Westfalen**

»Nosferatu – Eine Symphonie des Grauens« wurde von Friedrich Wilhelm Plumpe (Künstlername Murnau), einem Bielefelder, gedreht. Dieses Werk zählt zu den ersten Horrorfilmen und hat mit seiner Bildsprache das Genre auch geprägt. Eigentlich sollten sämtliche Fassungen des Films ab 1925 wegen Urheberrechtsstreitigkeiten vernichtet werden. Zum Glück haben einige Kopien des Stummfilmklassikers überlebt.

BID

BIEDENKOPF
Kreis: Marburg-Biedenkopf
Bundesland: **Hessen**

1822 wurde in der Nähe von Biedenkopf eine Postkutsche überfallen. Die Räuber, die aus dem Dorf Kombach stammten, erbeuteten 10 000 Gulden. So wurden aus den Tagelöhnern reiche Männer. Der Obrigkeit fiel aber auf, dass in Kombach plötzlich so viel mehr Geld ausgegeben wurde. Einige der Räuber wurden überführt und 1824 hingerichtet. Die Stadt Biedenkopf bietet Kindern an, sich auf die Spuren der Räuber zu begeben.

In der Edelstein-Erlebniswelt in Idar-Oberstein kann man Edelsteine, Halbedelsteine und Naturkristalle anschauen und anfassen. Auf dem Weg durch künstliche Höhlen und Grotten wird erklärt, unter welchen geologischen Voraussetzungen sich die glitzernden Wunder bilden.

BIR

BIRKENFELD
Kreis: Birkenfeld
Bundesland: **Rheinland-Pfalz**

BIN

BINGEN
Kreis: Mainz-Bingen
Bundesland: **Rheinland-Pfalz**

Bingen war die Wirkungsstätte einer der berühmtesten Frauen des Mittelalters: Hildegard von Bingen (1098–1179). Hildegard galt als Universalgelehrte. Am 17. September, ihrem Todestag, gedenken ihrer die römisch-katholische, die evangelische und die anglikanische Kirche. Hildegard verfasste Schriften zu Musik, Medizin und Religion.

Vor 2000 Jahren führte eine der wichtigen Römerstraßen an Bitburg vorbei, und dort, wo sich heute die Hauptstraße durch den Ort zieht, war die Längsachse des Kastells, das früher hier stand. Zum Teil ist das an der heutigen Bebauung noch abzulesen. Im Kreismuseum erfährt man, wie die Menschen vor 2000 Jahren in der Region lebten.

BIT

BITBURG
Kreis: Eifelkreis-Bitburg-Prüm
Bundesland: **Rheinland-Pfalz**

BIW

BISCHOFSWERDA
Kreis: Bautzen
Bundesland: **Sachsen**

Der Schiebock ist ein altertümlicher Schubkarren aus Holz, der zum Transport von Waren eingesetzt wurde. Wenn in der Oberlausitz von Schiebock die Rede ist, dann ist die Stadt Bischofswerda gemeint. Es gibt nur Vermutungen darüber, wie die Stadt zu diesem Spitznamen gekommen ist. Jedes Jahr findet das Stadtfest »Schiebocker Tage« statt, wo es dann auch ein Schiebock-Rennen gibt!

BKS

BERNKASTEL-KUES
Kreis: Bernkastel-Wittlich
Bundesland: **Rheinland-Pfalz**

Ein Spitzenhäuschen, ein schmalgiebliges Fachwerkhaus, ist eine der Sehenswürdigkeiten in der Altstadt von Bernkastel-Kues. Das Haus stammt aus dem Jahr 1416 und weist eine ungewöhnliche Bauweise auf. Es wird nach oben hin größer bzw. breiter. Ein Grund dafür ist wahrscheinlich, dass die Gasse sonst für die Ochsenkarren zu eng geworden wäre.

BK

BACKNANG
Kreis: Rems-Murr-Kreis
Bundesland: **Baden-Württemberg**

In Backnang gibt es seit 1648 die Tradition der Turmbläser. Die Pfeiffer traten zusammen mit Trommlern bei besonderen Anlässen in der Stadt auf. Seit der Reformation saß auf dem Stadtturm ein Hochwächter der Trompete spielte. Heute spielen die Turmbläser jeden Sonntag vor dem Gottesdienst und jeden Feiertag um 9:00 Uhr vor dem Stadtturm.

BL

BALINGEN
Kreis: Zollernalbkreis
Bundesland: **Baden-Württemberg**

In Balingen gibt es einen Schwefelbrunnen, der 1935 installiert wurde, wobei bereits im Mittelalter Badestuben mit Schwefelwasser in der Stadt erwähnt werden. Als Heilwasser soll sich das Schwefelwasser bei rheumatischen Erkrankungen, bei Stoffwechsel- und Hautkrankheiten bewähren. Beliebt ist es bei den Hausfrauen, um Hülsenfrüchte darin zu kochen: Sie sind dann besonders bekömmlich und werden gut weich.

BLB

BAD BERLEBURG
Kreis: Siegen-Wittgenstein
Bundesland: **Nordrhein-Westfalen**

Mit 275 Quadratkilometern gehört Bad Berleburg flächenmäßig zu den größten Städten Deutschlands. Kein Wunder, besteht die Stadt doch eigentlich aus 23 verschiedenen Ortschaften. Deswegen wird Bad Berleburg auch die »Stadt der Dörfer« genannt. In Bad Berleburg sticht das Schloss Berleburg hervor. Es ist aus dem 13. Jh. und wird seitdem von »der gleichen« Familie bewohnt.

BM

BERGHEIM
Kreis: Rhein-Erft-Kreis
Bundesland: **Nordrhein-Westfalen**

Schloss Augustusburg wurde viele Jahre von der Bundesregierung und vom Bundespräsidenten als Repräsentationsschloss genutzt. 1725 wurde mit dem Bau des Schlosses begonnen. Der Innenausbau und die Anlage der Gärten erfolgten durch sehr berühmte Baumeister und Architekten. In dem Schloss werden spannende Führungen für Kinder angeboten, die von der Geschichte des Hauses und seinen Gespenstern berichten.

BLK

BURGENLANDKREIS
Kreis: Burgenlandkreis
Bundesland: **Sachsen-Anhalt**

In Naumburg gibt es den Kletterwald Saale-Unstrut. Dort kann man in Baumkronenhöhe über wackelige Brücken balancieren. Es gibt verschiedene Schwierigkeitsgrade bei den Touren, und wer ganz mutig ist, kann auf einem rollenden Fass von Plattform zu Plattform laufen.

BN

BONN
Stadt Bonn
Bundesland: **Nordrhein-Westfalen**

In Bonn steht der Kanzlerbungalow, der 1963/1964 von dem Architekten Sep Ruf erbaut wurde. Die Architektur des Gebäudes hat nicht jedem Bundeskanzler gefallen. Ludwig Erhard, der das Gebäude als Erster nutzte, schätzte es sehr. Konrad Adenauer hingegen meinte, der Architekt hätte zehn Jahre verdient. Heute kann man den denkmalgeschützten Bungalow besichtigen.

BNA

BORNA
Kreis: Leipzig
Bundesland:
Sachsen

In Borna steht eine Kirche, die dort gar nicht erbaut wurde, die Emmauskirche. Sie ist die älteste Wehrkirche Sachsens aus dem Jahr 1258 und stand zuvor in Heuersdorf. Dort musste sie dem Braunkohle-Tagebau weichen. Borna erklärte sich bereit, die Kirche aufzunehmen. Im Oktober 2007 wurde die Kirche als ganzes Gebäude nach Borna transportiert. Um das Gewicht zu mindern, wurde die Orgel abgebaut.

BOG

BOGEN
Kreis: Straubing-Bogen
Bundesland: **Bayern**

Seit dem 19. Jh. sind die weiß-blauen Rauten zu einem Symbol für Bayern geworden. Ursprünglich waren sie das Wappen der Grafen von Bogen, die im Hochmittelalter mächtiger waren als die ranghöheren Wittelsbacher. Nachdem das Bogener Adelsgeschlecht ohne Nachkommen geblieben war, erbten die Wittelsbacher das Wappen, das sie ab dem 13. Jh. verwendeten.

BÖ

BÖRDE
Kreis: Börde
Bundesland:
Sachsen-Anhalt

Mitteleuropas größter geschlossener Lindenwald liegt in der Colbitz-Letzlinger Heide mitten in der Börde. Der Wald nimmt eine Fläche von ca. 185 Hektar ein. Will man ihn von oben sehen, dann kann man auf den »Kilimandscharo« steigen: Das ist der Salzberg des Zielitzer Kaliwerks, der 120 Meter hoch ist und von Mai bis September bestiegen werden darf.

BO

BOCHUM
Stadt Bochum
Bundesland:
Nordrhein-Westfalen

Das Deutsche Bergbau-Museum in Bochum beschäftigt sich mit allen bergbaulich gewonnenen Bodenschätzen, nicht nur mit Kohle. Es gibt ein Anschauungsbergwerk, damit man die Arbeit unter Tage nachempfinden kann. Das größte Ausstellungsstück ist ein originales Fördergerüst, das 71,40 m hoch ist und aus der Zeche Germania stammt.

BOH

BOCHOLT
Kreis: Borken
Bundesland:
Nordrhein-Westfalen

Im Bocholter Stadtteil Suderwick verläuft nicht nur die Stadtgrenze Bocholts, sondern auch die Staatsgrenze der BRD. Am Randstein einer Straße zieht sich die Grenze hin, unkenntlich für denjenigen, der nichts davon weiß. Die Deutschen nennen diese Straße Hellweg, die Niederländer Heelweg. Den Mittelpunkt und das Wahrzeichen der Stadt Bocholt bildet das Rathaus von 1618.

BOR

BORKEN
Kreis: Borken
Bundesland: **Nordrhein-Westfalen**

Im Zwillbrocker Venn, einem großen Naturschutzgebiet, liegt das nördlichste Flamingo-Brutgebiet Europas. Insgesamt sind dort über 100 Vogelarten zu Hause und eine Lachmöwenkolonie, die ungefähr 16 000 Vögel umfasst. In der biologischen Station Zwillbrocker Venn gibt es ein Besucherzentrum, das die ausgefallene Flora und Fauna spannend erklärt.

BRA

BRAKE
Kreis: Wesermarsch
Bundesland: **Niedersachsen**

In Brake gibt es das Schifffahrtsmuseum Unterweser, das viel über die Schifffahrt unter oldenburgischer Flagge des 19. und beginnenden 20. Jahrhunderts erklärt. Man erfährt, wie Segel gemacht werden, was man als Holzschiffbauer können muss oder wie ein Kompass funktioniert.

BOT

BOTTROP
Stadt Bottrop
Bundesland: **Nordrhein-Westfalen**

Im Bernepark auf der Emscherinsel in Bottrop gibt es ein sehr ungewöhnliches Hotel: Es besteht aus fünf zu Zimmern umgewandelten Kanalrohren. Man kann sie über das Internet buchen, allerdings sind sie meist schon lange im Voraus reserviert. Und der Clou an der Geschichte: Es gibt keinen festen Preis, man zahlt das, was einem die Röhre wert ist.

BRB

(auslaufend)
BRANDENBURG
Stadt Brandenburg an der Havel
Bundesland: **Brandenburg**

Das Industriemuseum Brandenburg entstand in einem über 100 Jahre alten Stahlwalzwerk, in dem man den sogenannten Siemens-Martin-Ofen besichtigen kann. Der Ofen ist ein imposantes Stück Industriegeschichte. In den riesigen Hallen gibt es die Beschickungsanlagen, die Anlagen zum Schmelzen und Gießen und alle erhalten gebliebenen Werkstätten, die man besuchen darf und in Aktion erleben kann. Schon allein wegen der riesigen Ausmaße der Halle lohnt sich der Besuch. Das Stahlwalzwerk galt Anfang des 20. Jahrhunderts als Wahrzeichen der »Stahlstadt Brandenburg«.

BRG

BURG (BEI MAGDEBURG)
Kreis: Jerichower Land
Bundesland: **Sachsen-Anhalt**

Es gibt einen Hexenturm in Burg aus dem 11 Jh. Der Wehrturm wurde im 17 Jh. als Gefängnis genutzt, dort wurden auch vermeintliche Hexen eingesperrt. Und es gibt eine Katzentreppe. Sie wurde nicht nach dem Tier benannt, sondern nach den Waffen, die man im Mittelalter von ihr abfeuerte: Steinschleudern und Katapulte, die man damals »Katzen« nannte.

BRL

BRAUNLAGE
Kreis: Goslar
Bundesland: **Niedersachsen**

Am Hausberg Braunlages, am sogenannten Wurmberg, befindet sich das größte Skigebiet Norddeutschlands. Mit seinen 971 Metern ist der Wurmberg der höchste Berg Niedersachsens. Sechs Seilbahnen und Lifte und 15 Kilometer Piste erwarten Ausflügler und Schneesportler dort.

BRK

BAD BRÜCKENAU
Kreis: Bad Kissingen
Bundesland: **Bayern**

Das Deutsche Fahrradmuseum in Bad Brückenau hat eine der umfangreichsten Sammlungen historischer Fahrräder. Darüber hinaus zeigt es auch eine historische Werkstatt und einen Fahrradladen aus den 1930er-Jahren. Wer noch nicht genug von den Zweirädern hat, darf selbst mit Geschicklichkeits- und Spaßrädern seine koordinativen Fähigkeiten testen.

BRV

BREMERVÖRDE
Kreis: Rotenburg (Wümme)
Bundesland: **Niedersachsen**

Der Bremervörder Hafen liegt am Ende der Bundeswasserstraße Oste. Schiffe können nur bei Hochwasser einfahren, dann beträgt die Wassertiefe ca. 1,70 Meter. Bei Niedrigwasser ist die Hafeneinfahrt nur 0,60 Meter tief!

BS

BRAUNSCHWEIG
Stadt Braunschweig
Bundesland:
Niedersachsen

James Rizzi war bekannt für seine lustigen Figuren und bunten Farben. In Braunschweig hat er zusammen mit dem Galeristen Olaf Jaeschke und dem Architekten Konrad Kloster ein Haus gestaltet, das Happy RIZZI House. Das Haus steht am Rand des Magniviertels. Der lachende und bunte Baukörper setzt ein optisches Gegengewicht zum Schloss.

BSK

BEESKOW
Kreis: Oder-Spree
Bundesland:
Brandenburg

Selbst spielende Musikinstrumente waren um 1900 herum sehr beliebt. Von der Spieluhr bis zum Klavier kann man sie im Musikmuseum Beeskow ansehen und anhören. Interessant sind die Reproduktionsklaviere: Ihr Spiel wurde auf Papierrollen gestanzt festgehalten, sodass es jederzeit wieder abgerufen werden konnte.

BTF

BITTERFELD
Kreis: Anhalt-Bitterfeld
Bundesland:
Sachsen-Anhalt

Bitterfeld liegt an einer 25 km² großen Seenlandschaft. Die Seen entstanden durch Flutung eines Tagebaugebiets. Dass es rund um Bitterfeld viel Kohle gab, entdeckte man, als Wildkaninchen auf dem Pomselberg »schwarze Erde« aufwühlten. Einen herrlichen Blick auf den See hat man vom 26 m hohen Pegelturm.

BSB

BERSENBRÜCK
Kreis: Osnabrück
Bundesland:
Niedersachsen

Ein seltsames Symbol der Macht findet sich in Bersenbrück: der Thron des Karpfens und seiner Königin. Auf zwei großen Steinblöcken sind der Karpfen und seine Angetraute im Relief dargestellt. Die Skulptur ist Teil der »Kunst am Fluss« im Hasetal.

BT

BAYREUTH
Kreis: Bayreuth
Bundesland:
Bayern

Alljährlich finden in Bayreuth die Richard-Wagner-Festspiele statt. Sie sind so berühmt, dass Menschen aus der ganzen Welt kommen, um die Opern zu hören. Richard Wagner lebte dort und wollte für seine Werke ein Opernhaus haben, das weitab von den großstädtischen Ablenkungen die volle Konzentration auf seine Musik zulässt.

BÜD

BÜDINGEN
Kreis: Wetteraukreis
Bundesland:
Hessen

Büdingen hat über Jahrhunderte sein Gesicht bewahrt, kaum ein Haus wurde zerstört. Ein Besuch der Stadt ist also eine Zeitreise. Die kann man auch im 50er-Jahre-Museum antreten: Dort gibt es nicht nur Exponate aus den Fifties, sondern auch eine vollständig eingerichtete Milchbar. Bei einem guten Milchshake kommt das Lebensgefühl der 1950er-Jahre sicher auf.

BUL

BURGLENGENFELD
Kreise: Amberg-Sulzbach, Schwandorf
Bundesland: **Bayern**

Einen verzauberten Wald kann man in der Nähe von Burglengenfeld entdecken: den Kunstwaldgarten. Die Künstlergruppe »Dünger« hat in diesem Wald Skulpturen aus Naturmaterialien geschaffen. Die äußeren Bedingungen wie Jahreszeit, Wetter und Licht sind Teil dieses Kunstprojektes, das einem fast 20 Objekte präsentiert.

BÜS

BÜSINGEN
Kreis: Konstanz/
Büsingen am Hochrhein
Bundesland: **Baden-Württemberg**

Die Gemeinde Büsingen hat nur 1400 Einwohner und trotzdem ein eigenes Kennzeichen, weil sie eine deutsche Exklave ist. Der Ort ist vollkommen von eidgenössischem Staatsgebiet umgeben und unterliegt auch dem Schweizer Zollrecht, dennoch gehört er zum deutschen Staat dazu.

BÜR

BÜREN
Kreis: Paderborn
Bundesland: **Nordrhein-Westfalen**

Der Flughafen Paderborn/Lippstadt liegt auf dem Bürener Stadtgebiet. Dieser »Airlebnis Flughafen« bietet nicht nur Führungen, die die Arbeit hinter den Kulissen eines Flughafens zeigen. Im Quax-Hangar kann man historische Flugzeuge bewundern.

BÜZ

BÜTZOW
Kreis: Rostock
Bundesland:
Mecklenburg-Vorpommern

1794 gab es einen Erlass in Bützow, der die Stadt berühmt machte: Der Magistrat wollte verbieten, dass die in der Stadt gehaltenen Gänse auf der Straße herumlaufen. Natürlich hielt sich niemand daran. Die Gänse wurden gepfändet und in einen Stall gesperrt, den die Bürger mit dem Ruf »Es lebe die Gänsefreiheit!« stürmten. Bis heute gibt es Gänsemarkttage in Bützow.

BZ

BAUTZEN
Kreis: Bautzen
Bundesland: **Sachsen**

In Bautzen leben nicht nur Deutsche, sondern auch Sorben. Dieses kleinste slawische Volk hat kein Mutterland außerhalb von Deutschland. Alle Straßenschilder sind hier in zwei Sprachen, auf Deutsch und Sorbisch, abgefasst. Es gibt ein sorbisches Museum mit Trachten und Ostereiersammlung im ehemaligen Salzhaus.

CA

CALAU
Kreis: Oberspreewald-Lausitz
Bundesland: **Brandenburg**

Calau bezeichnet sich auch als die »Stadt der Kalauer«. Kalauer sind Witze, die meist darauf beruhen, dass zwei Wörter, die vollkommen unterschiedliche Bedeutungen haben, gleich klingen. Es kann sein, dass sich der Kalauer wirklich von der Stadt Calau ableitet, da die Satirezeitschrift »Kladderadatsch«, die bis 1944 erschien, eine Rubrik »Aus Kalau wird berichtet« hatte, damals noch mit »K« geschrieben. In Calau gibt es einen Witzerundweg!

C

(auslaufend)
CHEMNITZ
Stadt Chemnitz
Bundesland: **Sachsen**

Von 1953 bis 1990 hieß Chemnitz Karl-Marx-Stadt. An ihn erinnert ein großes Monument. Sehenswerter ist allerdings der Versteinerte Wald, der vor 290 Millionen Jahren durch einen Vulkanausbruch entstand. 1737 kamen erste Funde ans Licht, sogar eine Briefmarke ist ihm gewidmet. Die meisten Stämme sind im Museum für Naturkunde im Chemnitzer Kulturkaufhaus »DASTietz« ausgestellt.

CAS

CASTROP-RAUXEL
Kreis: Recklinghausen
Bundesland: **Nordrhein-Westfalen**

Am 1. April 1926 wurde die Stadt Castrop mit Rauxel und weiteren Gemeinden zusammengelegt und die Stadt Castrop-Rauxel entstand. 1983 wurde die letzte Zeche im Stadtgebiet stillgelegt. Ihr irischer Gründer William Thomas Mulvany gab ihren den Namen »Grüne Insel«, ERIN. Das Fördergerüst von ERIN steht bis heute und prägt das Stadtbild.

CB

COTTBUS
Stadt Cottbus
Bundesland: **Brandenburg**

Die Gegend um Cottbus war früher berühmt für die Herstellung von Textilien. Cottbuser Tuche waren seit dem 16. Jahrhundert in Böhmen, Sachsen und Brandenburg beliebt. Die günstige Lage des Ortes an zwei Handelsstraßen half bei der Verbreitung der Ware. Im 18. Jahrhundert entstanden die ersten Tuchmanufakturen, was dazu führte, dass die Ware in die ganze Welt exportiert wurde.

CHA

CHAM
Kreis: Cham
Bundesland: **Bayern**

Der Landesbund für Vogelschutz hat im Fluss Chamb den »Eisvogelsteig« eingerichtet. Er funktioniert wie ein Klettersteig, nur laufen Kinder und Eltern abgesichert durch einen Fluss. Am eigenen Körper spürt man die Strömung und erlebt die Natur aus der Perspektive knapp über der Wasseroberfläche, so wie sie der Eisvogel auch erfährt.

CE

CELLE
Kreis: Celle
Bundesland: **Niedersachsen**

Das Niedersächsische Landesgestüt in Celle besteht seit dem 27. 07. 1735. Damals wurde es per Erlass des Kurfürsten Georg II. von Hannover gegründet.
Bis heute hat das Gestüt einen hervorragenden Ruf. Im Moment beheimatet es 140 Hengste, die zu Zuchtzwecken eingesetzt werden und bei der Hengstparade bestaunt werden können.

CLP

CLOPPENBURG
Kreis: Cloppenburg
Bundesland: **Niedersachsen**

Das Museumsdorf Cloppenburg besteht aus über 50 Häusern, die in einem Zeitraum von 1600 bis ins 20. Jahrhundert hinein entstanden. Und man lernt Erstaunliches:
Hunde können mithilfe eines Göpels Butter machen und wurden eben zu diesem Zweck als Arbeitstiere eingesetzt. Normalerweise kennt man Göpel als Instrument der Kraftübertragung, das von Pferden oder Ochsen angetrieben wird.

CLZ

CLAUSTHAL-ZELLERFELD
Kreis: Goslar
Bundesland: **Niedersachsen**

In Clausthal wurde 1843 ein deutscher Nobelpreisträger geboren: Robert Koch. Er entwickelte wichtige Grundlagen für die bakteriologische Forschung. 1905 erhielt Robert Koch den Medizin-Nobelpreis für seine wissenschaftlichen Arbeiten zur Tuberkulose. Clausthal-Zellerfeld vergibt alle zwei Jahre an junge Forscher im medizinisch-biologischen Bereich den Robert-Koch-Preis.

Der Kaiser-Wilhelm-Tunnel wurde 1888 eröffnet. Der alte Tunnel ist 4205 Meter lang und damit der längste Eisenbahntunnel Deutschlands. Über 130 Jahre nach Einweihung dieses Bauwerks investiert die Deutsche Bahn in eine Komplettsanierung, die den Bau einer zweiten Röhre mit einer Länge von 4242 Metern mit einschließt.

COC

COCHEM
Kreis: Cochem-Zell
Bundesland: **Rheinland-Pfalz**

CO

COBURG
Kreis: Coburg
Bundesland: **Bayern**

Im Wildpark Schloss Tambach hat sich der Bayerische Jagdfalkenhof niedergelassen. Bei Vorführungen stellen Falkner die Tiere vor und erklären ihre Lebensweise, ihr Jagdverhalten oder die Besonderheiten ihres Flugs. Zu sehen bekommt man Adler, Falken und auch Geier.

Im Merfelder Bruch leben die letzten Wildpferde Deutschlands. Sie werden nicht gezüchtet. Ihr natürlicher Lebensraum wird allerdings vom Menschen geschützt. Seit 1907 wird am letzten Samstag im Mai die Herde eingefangen. Die Jährlingshengste werden von den anderen Pferden getrennt und versteigert. Sie sind als Reitpferde und zum Kutschfahren beliebt.

COE

COESFELD
Kreis: Coesfeld
Bundesland: **Nordrhein-Westfalen**

D CR

CRAILSHEIM
Kreis: Schwäbisch Hall
Bundesland:
Baden-Württemberg

Eine Crailsheimer Besonderheit sind die Horaffen, ein Hefegebäck. Crailsheim wurde im Winter 1379/80 über fünf Monate belagert. Die Frauen backten aus den letzten Resten Mehl Horaffen und warfen sie den Belagerern über die Mauer. Danach stieg die sehr beleibte Frau des Bürgermeisters auf die Stadtmauer und zeigte den Truppen ihren nackten Po. Darauf zogen die Truppen ab, weil sie dachten, in der Stadt seien genügend Vorräte. Die Form der Horaffen erinnert an das Hinterteil der Bürgermeisterin.

D CW

CALW
Kreis: Calw
Bundesland: **Baden-Württemberg**

Im Schleiftal steht die Wassermühle mit dem größten hölzernen Wassermühlrad Europas. Das Rad hat einen Durchmesser von 11,50 Metern. Im Moment läuft es leider nicht, weil die Technik im Inneren der Mühle noch nicht erneuert werden konnte. Die Mühle war von 1843 bis 1957 in Betrieb.

D CUX

CUXHAVEN
Kreis: Cuxhaven
Bundesland: **Niedersachsen**

Die Kugelbake ist das Wahrzeichen der Stadt Cuxhaven und gleichzeitig der nördlichste Punkt Niedersachsens. Sie markiert auch den Punkt, an dem die Elbe in das offene Meer fließt. Sie wurde 1703 das erste Mal errichtet, musste aber seitdem immer wieder einmal neu aufgebaut werden. Das beliebte Ausflugsziel steht heute unter Denkmalschutz.

D D

DÜSSELDORF
Stadt Düsseldorf
Bundesland: **Nordrhein-Westfalen**

Der Rheinturm ist ein markantes Bauwerk am südlichen Rand der Innenstadt. Er ist 240,5 Meter hoch. Nicht ganz so hoch, aber immerhin auf 172,5 Metern, gibt es ein Restaurant, das sich in einer Stunde einmal um die eigene Achse dreht. Von der Aussichtsplattform hat man einen atemberaubenden Blick über die Stadt und den Hafen.

DA

DARMSTADT
Kreis/Stadt: Darmstadt-Dieburg/Darmstadt
Bundesland: **Hessen**

Die Mathildenhöhe in Darmstadt ist sicherlich ein beeindruckendes architektonisches Gesamtkunstwerk, aber was sich darunter befindet, ist noch viel spannender: ein riesiges Gespinst aus Kellern und Gängen, das immer noch nicht ganz erforscht ist. Angelegt wurde es ab ca. 1850 von über 30 Brauereien, die Kühlkeller brauchten. Heute kann man Führungen durch diese Katakomben mitmachen. Aber Vorsicht: Es ist eng, dunkel, schmutzig und spannend!

DAN

DANNENBERG
Kreis: Lüchow-Dannenberg
Bundesland: **Niedersachsen**

Auf eine Zeitreise ganz anderer Art begibt man sich, wenn man das Historische Feuerwehrmuseum Neu Tramm besucht. Dort wird anhand vieler alter und neuer Objekte gezeigt, wie die Menschen Brände bekämpft haben. Das fängt mit ledernen Löscheimern an, führt über Löschfahrzeuge aus den 1960er-Jahren hin zu einem kompletten Schlauchturm. Informationen darüber, was zur Ausrüstung eines Berufsfeuerwehrmanns gehört und wie die Wehren von ihren Einsätzen erfahren, erarbeitet man sich bei dem Besuch ganz spielerisch.

DAH

DACHAU
Kreis: Dachau
Bundesland: **Bayern**

Das ehemalige Konzentrationslager Dachau ist heute eine Gedenkstätte. Sie geht auf die Initiative ehemaliger überlebender Häftlinge zurück. Das Konzentrationslager bestand zwölf Jahre, von 1933 bis 1945. In dieser Zeit waren dort und in den Außenlagern über 200 000 Menschen inhaftiert.

DAU

DAUN
Kreis: Vulkaneifel
Bundesland: **Rheinland-Pfalz**

In Neroth gibt es das Mausefallenmuseum. Und zwar deshalb, weil die Drahtwarenindustrie in Neroth sehr stark war. Eine Mausefalle ist eine Mausefalle, meint man, doch so einfach ist es nicht: Es gibt Massenfänger, automatische Wasserfallen, Korbmausefallen, Lochmausefallen, Rattenfallen und Feldmausfallen ...

DBR

BAD DOBERAN
Kreis: Rostock
Bundesland:
Mecklenburg-Vorpommern

Das Münster von Bad Doberan ist ein besonders schönes Zeugnis der norddeutschen Backsteingotik. Erbaut wurde es im späten 13. Jahrhundert. Es gehört zu den wichtigsten Backsteinkirchen im Ostseeraum. Auf dem Gelände des ehemaligen Zisterzienserklosters steht auch die Ruine eines riesigen Wirtschaftsgebäudes.

DE

DESSAU
Stadt Dessau-Roßlau
Bundesland: **Sachsen-Anhalt**

In Dessau war das Bauhaus zu Hause, auch wenn es in Weimar gegründet wurde. Das Bauhaus war eine staatliche Kunstschule, die von 1919 bis 1933 bestand und bis heute für die Qualität deutscher Entwürfe im Ausland steht. Sowohl die Schule als auch die Meisterhäuser kann man in Dessau besichtigen. Bis heute sehen diese Häuser modern aus.

DD

DRESDEN
Stadt Dresden
Bundesland: **Sachsen**

Hören, sehen, fühlen, riechen und schmecken – das können Kinder im Erlebnisbereich des Deutschen Hygiene-Museums. In zahlreichen interaktiven Stationen kann man Geräusche vom Gewitter bis zum Düsenjäger erraten, auf einer Bodenklaviatur herumtrampeln oder am Tiernasenfries die »Nasenbesitzer« erraten.

Auch in Bayern gibt es ein »Gut Aiderbichl«. Dort finden Tiere, die vom Abdecker bedroht waren oder unter unwürdigen Zuständen existierten, ein neues Zuhause. Das erste Gut dieser Art wurde im Salzburger Land gegründet und bietet – wie der bayerische Ableger – die Möglichkeit der Begegnung von Mensch und Tier. Gelebt wird dort der Gedanke des aktiven Tierschutzes.

DEG

DEGGENDORF
Kreis: Deggendorf
Bundesland: **Bayern**

DEL

DELMENHORST
Stadt Delmenhorst
Bundesland: **Niedersachsen**

Der erste wirklich flugtüchtige Hubschrauber, der FW 61, wurde 1935 in Delmenhorst gebaut. Er entstand in der Fabrik von Heinrich Focke und Georg Wulf. Konstruiert hatte ihn Focke. FW in der Bezeichnung des Fluggeräts steht für Focke Wulf. Dieser Hubschrauber hatte zwei Rotoren, die an seitlichen Flügeln angebracht waren.

DH

DIEPHOLZ
Kreis: Diepholz
Bundesland: **Niedersachsen**

Die Stadt Diepholz hat ein besonderes Wahrzeichen, ein Tier: die sogenannte Diepholzer Gans. Gehandelt wurde sowohl mit dem Fleisch wie auch mit den Federn. Über 1,5 Millionen Schreibfedern wurden Ende des 18. Jahrhunderts von Diepholz aus in Länder wie Holland und Frankreich verkauft. Die Tiere lebten in riesigen Herden auf den Bruchweiden rund um die Stadt. Die Diepholzer Gänserasse galt als besonders marschfähig. Das war auch wichtig – musste sie doch teilweise auf Märkte bis in den Raum Köln laufen, und das sind über 200 Kilometer.

DGF

DINGOLFING
Kreis: Dingolfing-Landau
Bundesland: **Bayern**

Im sogenannten alten Kasten ist das Museum Dingolfing untergebracht. Es zeigt in der Abteilung für Industriegeschichte, dass in Dingolfing nicht nur BMW gebaut wurden, sondern bereits in den 1950er-Jahren das berühmte Goggomobil. Die Hans Glas GmbH stellte diesen Kleinstwagen her. Beworben wurde es mit Sprüchen wie: »Er lebt in München, sie in Kiel. Lösung klar: Goggomobil.«

DI

DIEBURG
Kreis: Darmstadt-Dieburg
Bundesland: **Hessen**

Im Keller von Schloss Fechenbach befindet sich eine archäologische Sammlung, die sich mit der Römerzeit beschäftigt. Römische Keramik kann bewundert werden oder man erfährt wie in der Römerzeit gekocht wurde. Das zentrale Stück in der Sammlung ist ein Bildnis des Gottes Mithras, das bei Dieburg gefunden wurde. Mithras verkörpert in der Götterwelt die Sonne.

DIL

DILLENBURG
Kreis: Lahn-Dill-Kreis
Bundesland: **Hessen**

Kasematte bedeutet in etwa Erdschlund. In diesen unterirdischen Gewölben war man geschützt. Die Dillenburger Kasematten entstanden im 15. und 16. Jahrhundert und gehören zu den größten Verteidigungsanlagen Westeuropas. Auf dem Schlossberg gelegen, können sie innerhalb einer Führung von April bis November besichtigt werden.

DIZ

DIEZ
Kreis: Rhein-Lahn-Kreis
Bundesland: **Rheinland-Pfalz**

Wahrscheinlich im 11. Jahrhundert wurde die mächtige Diezer Burg, das Grafenschloss, erbaut. Der erste Diezer Graf taucht um das Jahr 1000 auf. Er soll ein gewisser Embricho oder Embreko gewesen sein. Allerdings war er nicht der Erbauer der Burg, sondern wohl sein Bruder, dessen Name unbekannt ist. Die Burg wurde auf einem hohen Felsen errichtet und ist bis heute das Wahrzeichen der Stadt.

DIN

DINSLAKEN
Kreis: Wesel
Bundesland: **Nordrhein-Westfalen**

Dinslaken hat eine spezielle Trabrennbahn: Sie ist die einzige Halbmeilen-Trabrennbahn in Deutschland und mit 800 Metern auch die kürzeste. Dadurch, dass das Oval kleiner ist als bei anderen Rennbahnen, entsteht an dieser Bahn eine besondere Atmosphäre. Erbaut wurde die Bahn 1954.

DKB

DINKELSBÜHL
Kreis: Ansbach
Bundesland: **Bayern**

Die sogenannte Kinderzeche ist ein Historienspiel, das auf den Dreißigjährigen Krieg zurückgeht. Dinkelsbühl wurde im Jahr 1632 von schwedischen Truppen belagert. Die Stadt hat es einem Kind zu verdanken, dass sie von Plünderungen und Brandschatzung verschont blieb. Lore, die Tochter eines Türmers, zog mit vielen Kindern den Schweden entgegen. Das erweichte deren Herz so, dass sie nicht angriffen.

DL

DÖBELN
Kreis: Mittelsachsen
Bundesland: **Sachsen**

Riesen gibt es nicht, aber einen Stiefel, der einem Riesen passen würde. Er steht im Sitzungssaal des Döbelner Rathauses. Er ist sage und schreibe 3,70 Meter hoch, 200 Kilogramm schwer, seine Sohle misst 1,90 Meter und das Sporenrad hat einen Durchmesser von einem halben Meter.

Der Wasserturm in Demmin wurde 1978 in eine Astronomiestation mit Planetarium umgebaut. Verschiedene Sternbilder und ausgewählte Himmelsobjekte können von dort aus einmal im Monat beobachtet werden.

DM

DEMMIN
Kreis: Mecklenburgische Seenplatte
Bundesland: **Mecklenburg-Vorpommern**

DLG

DILLINGEN
Kreis: Dillingen an der Donau
Bundesland: **Bayern**

Das Dillinger Schloss war ab dem Spätmittelalter die Residenz der Augsburger Fürstbischöfe. Die Bischöfe ließen es so oft umbauen, erweitern und verschönern, dass das Schloss ab dem 16. Jahrhundert als größter und schönster Fürstensitz Schwabens galt.

In Düren wurde immer Papier produziert, und es gibt ein Museum, das die Entwicklung der Papierproduktion und -verarbeitung anschaulich darstellt. Um Papier herzustellen, braucht man viel Wasser, und auch da kann Düren eine Besonderheit bieten: das Wasserkraftwerk Heimbach. Seine Architektur ist lupenreiner Jugendstil.

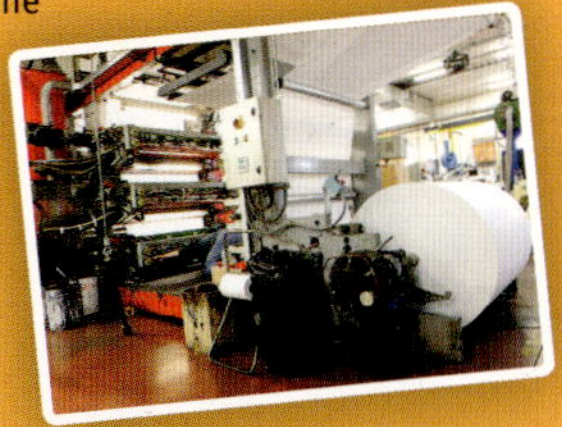

DN

DÜREN
Kreis: Düren
Bundesland: **Nordrhein-Westfalen**

D DO

DORTMUND
Stadt Dortmund
Bundesland: **Nordrhein-Westfalen**

In Dortmund steht das größte Fußballstadion Deutschlands, der Signal Iduna Park, das frühere Westfalenstadion. Es hat genau 80720 Plätze und ist bei den Heimspielen von Borussia Dortmund meist ausverkauft. Viermal in der Woche gibt es Führungen durch die Riesenarena.

Nimmt man die öffentlichen und die privaten Hafenanlagen zusammen, dann sind die Ruhrorter Häfen in Duisburg die größten Binnenhäfen der Welt. Von Duisburg aus werden 100 Häfen überall auf der Welt angefahren. Spaß machen Rundfahrten durch die riesige Hafenanlage, denn erst vom Schiff aus kann man die Größe des Areals richtig erfassen.

D DU

DUISBURG
Stadt Duisburg
Bundesland: **Nordrhein-Westfalen**

D DON

DONAUWÖRTH
Kreis: Donau-Ries
Bundesland: **Bayern**

Die Stadt Donauwörth präsentiert im Käthe-Kruse-Puppen-Museum eine einmalige Sammlung der bekanntesten deutschen Puppen. Sehr genau wird erklärt, wie viele Schritte nötig sind, um das hochwertige Spielzeug herzustellen. Es wird gezeigt, wie die handgeknüpften Perücken für die Puppenköpfe entstehen, und der Arbeitsplatz eines Augenmalers ist zu besichtigen.

In Duderstadt gibt es noch über 600 Fachwerkhäuser. Der Begriff »Fachwerk« kommt wahrscheinlich vom mittelhochdeutschen   das für Feld bzw. eine in Felder aufgeteilte Fläche steht. Bis heute wird in einer modernen Form des Fachwerks gebaut, in der Holzskelettbauweise.

D DUD

DUDERSTADT
Kreis: Göttingen
Bundesland: **Niedersachsen**

DÜW

BAD DÜRKHEIM (WEINSTRASSE)
Kreis: Bad Dürkheim
Bundesland: **Rheinland-Pfalz**

Das Pfalzmuseum für Naturkunde beherbergt eine wertvolle und umfangreiche floristische, faunistische und geologische Sammlung. Landeskundlich ist die Sammlung interessant, weil ein Großteil der Exponate wirklich aus dem Umland stammt. Wer Zusammenhänge ganz genau erklärt haben möchte, nimmt an Workshops teil.

DZ

DELITZSCH
Kreis: Nordsachsen
Bundesland: **Sachsen**

In Delitzsch gibt es eine große Schokoladenfabrik. »Der Geruch von Schokolade und Fondant war typisch«, wenn man über das Werksgelände ging, so steht es in der offiziellen Beschreibung der Stadt. Seit 1894 hat die Herstellung von Süßwaren Tradition in Delitzsch. Zunächst wurde die Ware nur auf den Märkten in der Umgebung verkauft, heute wird sie in viele Länder exportiert.

DW

DIPPOLDISWALDE
Kreis:
Sächsische Schweiz-Osterzgebirge
Bundesland: **Sachsen**

Der Sage nach lebte im 10. Jahrhundert ein Einsiedler im Miriquidiwald. Miriquidi, so wurde früher das Erzgebirge genannt. Dieser Einsiedler hieß Dippold. Eines Tages kam ein Herzog bei ihm vorbei, der seinen Bruder erschlagen hatte, und beichtete Dippold die böse Tat. Der bekehrte ihn zum Christentum, woraufhin der Herzog eine Kapelle an der Stelle errichten ließ. Wenig später siedelten sich die ersten Bergleute rund um die Kapelle an.

E

ESSEN
Stadt Essen
Bundesland: **Nordrhein-Westfalen**

Die Zeche Zollverein ist eine aufgelassene Zeche im Norden Essens. Sie gehört zum UNESCO-Weltkulturerbe und ist ein bedeutendes Industriedenkmal. Angeboten werden im Zollverein spannende Kinderführungen, z. B. die Familienschicht. Da muss die ganze Familie zusammenarbeiten, denn am Ende wird abgerechnet: Welche Familie hat die meiste Kohle?

EA

EISENACH
Stadt Eisenach
Bundesland: **Thüringen**

Eine der berühmtesten Burgen Deutschlands ist die Wartburg. Wahrscheinlich wurde 1067 mit ihrem Bau begonnen. 1521 lebt und arbeitet Martin Luther auf der Wartburg und übersetzt dort das Neue Testament ins Deutsche. 1777 verbrachte Goethe fünf Wochen auf der Burg. Er zeichnete sie mehrfach. Diese Zeichnungen geben ein sehr genaues Zeugnis davon, wie die Gebäude damals ausgesehen haben.

EBE

EBERSBERG
Kreis: Ebersberg
Bundesland: **Bayern**

Auf der Ludwigshöhe in Ebersberg steht ein hölzener Aussichtsturm, der 36 Meter hoch ist. Das Hinaufklettern ist schon ein Erlebnis und der Blick über das Voralpenland ist besonders schön.
Im 10. Jahrhundert wurde in Ebersberg die Hirnschale des heiligen Sebastian in die Kirche aufgenommen; das zog eine der größten deutschen Wallfahrten nach sich.

EB

EILENBURG
Kreis: Nordsachsen
Bundesland: **Sachsen**

In Eilenburg lebt ganz offiziell ein Heinzelmännchen. Es heißt Heinz Elmann® und wurde 961 in Eilenburg geboren. Durch eine Sage sind die Heinzelmännchen eng mit der Geschichte der Stadt verknüpft: Die kleinen Leute haben dem Grafen von Ilburg einen Ring geschenkt. Solange dieser sorgfältig aufbewahrt wird, wird das Grafengeschlecht beschützt. Heute sind die Heinzelmännchen überall im Stadtbild zu finden.

EBN

EBERN
Kreis: Haßberge
Bundesland: **Bayern**

Ebern – Frankens schönstes Kegelspiel! So wirbt die Stadt für sich, doch was ist damit gemeint? Im Mittelalter war die Stadt durch eine Mauer und acht Türme befestigt. In der Mitte der Stadt stand der neunte »Kegel«, der Turm der Stadtpfarrkirche. Nicht eine Kugel, sondern der Zahn der Zeit hat drei der Türme zerstört. Die spannende Geschichte der Stadt erklärt ein Türmer bei der »Kegespielführung«.

EBS

EBERMANNSTADT
Kreise: Bayreuth, Forchheim, Kulmbach
Bundesland: **Bayern**

Die Hochebene der Fränkischen Schweiz ist wasserarm. Daher kommt den Brunnen in dieser Gegend eine besondere Bedeutung zu. In Ebermannstadt wird die Tradition des Osterbrunnenschmückens deshalb weiter bewahrt. Vor Ostern werden die Brunnen zunächst gesäubert und dann geschmückt: mit ausgeblasenen und bemalten Eiern, mit Papierbändern und Fichtenzweigen.

ED

ERDING
Kreis: Erding
Bundesland: **Bayern**

Der Besucherpark des Münchner Flughafens bietet einen fantastischen Blick über die Start- und Landebahnen und das Vorfeld, sodass der laufende Flugbetrieb genau beobachtet werden kann. Ein ausgemusterter ADAC-Rettungshubschrauber und historische Flugzeuge können dort ebenfalls besichtigt werden.

ECK

ECKERNFÖRDE
Kreis: Rendsburg-Eckernförde
Bundesland: **Schleswig-Holstein**

Eckernförde wurde 2016/2017 als »Beste Festivalstadt« ausgezeichnet. »Green Screen« heißt das Naturfilmfestival, das alljährlich in Eckernförde stattfindet und über 17 000 Besucher anzieht. Damit ist es das größte Naturfilmfestival in Europa. Filmemacher, Produzenten, Vertreter aus Wirtschaft und Politik, viele Schüler und Verantwortliche aus Fernsehsendern kommen zusammen, um ganz unterschiedliche Dokumentarfilme zu sehen und zu diskutieren.

EE

ELBE-ELSTER
Kreis: Elbe-Elster
Bundesland: **Brandenburg**

Im Landkreis Elbe-Elster gibt es den »liegenden Eiffelturm«, die sogenannte F60. Die F60 ist eine der größten beweglichen Arbeitsmaschinen der Welt. Diese Maschine hat im Tagebau Kohle gefördert. Sie ist 502 m lang, damit ist sie 182 m länger als der Eiffelturm. Eine Breite von 204 m und fast 80 m Höhe unterstreichen die riesigen Dimensionen des Gerätes. Man kann diese Maschine besichtigen und staunen über die großartige Konstruktion, die wie ein riesiges Stahlskelett über den Braunkohle-Abraumhalden liegt.

D EF

(auslaufend)
ERFURT
Stadt Erfurt
Bundesland: **Thüringen**

Erfurt hat die einzige bewohnte Brücke nördlich der Alpen, die Krämerbrücke. Sie besteht aus sechs Bögen. Zunächst standen 62 sehr schmale Häuser über dem Fluss, sie wurden zusammengelegt, sodass es nun 32 sind. An beiden Brückenköpfen gab es Kirchen. Eine von ihnen, die Ägidienkirche, existiert noch.

D EH

EISENHÜTTENSTADT
Kreis: Oder-Spree
Bundesland:
Brandenburg

Die erste komplett neu erbaute Stadt der ehemaligen DDR hieß Eisenhüttenstadt. Sie wurde 1951 vom Reißbrett geplant. Die Stadt entstand gleichzeitig mit dem Eisenhüttenkombinat Ost (EKO). In dieser Stadt findet man alle Stilrichtungen der DDR-Architektur. Eisenhüttenstadt steht unter Denkmalschutz und gehört zum größten Flächendenkmal Europas.

D EI

EICHSTÄTT
Kreis: Eichstätt
Bundesland:
Bayern

Vom Urvogel Archaeopteryx hat man bisher nur ein einziges Exemplar gefunden: auf der Peterhöhe bei Eichstätt. Betrachtet man die Solnhofener Versteinerung ganz genau, dann kann man sogar das Federkleid des Tieres erkennen. Ausgestellt ist es im Jura-Museum.

D EG

EGGENFELDEN
Kreis: Rottal-Inn
Bundesland: **Bayern**

Urkundlich erwähnt wird Eggenfelden erstmals im Jahr 1120. Zu Eggenfelden zählt die Hofmark Gern. Im Mittelalter war eine Hofmark ein begrenzter Besitz, der einem Adeligen oder kirchlichen Oberen gehörte und eine eigene Gerichtsbarkeit hatte. Heute gibt es kaum mehr so eine Hofmark, da die meisten Anlagen verfallen sind. In Eggenfelden sind deren Umrisse zumindest noch gut zu erkennen.

D EIC

EICHSFELD
Kreis: Eichsfeld
Bundesland: **Thüringen**

Im Grenzlandmuseum Eichsfeld, das 1995 eröffnet wurde, erfährt man auf über 1000 Quadratmetern alles zur Geschichte der Teilung Deutschlands sowie zum Leben an der Grenze. Im Außenbereich gibt es einen sechs Kilometer langen Rundweg mit 24 Stationen, darunter Grenzsperranlagen und Beobachtungsbunker.

EIL

EISLEBEN
Kreis: Mansfeld-Südharz
Bundesland: **Sachsen-Anhalt**

1520 schrieb Martin Luther an den Theologen Georg Spalatin: »Im Übrigen bin ich in Eisleben geboren und dort in St. Peter getauft ...« Das war am 10. November 1483, und getauft wurde Martin Luther in der Petri-und-Pauli-Kirche nur wenige Schritte von seinem Elternhaus entfernt auf den Namen des Tagesheiligen »Martin«. Am 18. Februar 1546 starb er ebenfalls in Eisleben. Die Stadt Eisleben trägt in ihrem Namen die Bezeichnung Lutherstadt, genau wie Wittenberg.

EIS

EISENBERG
Kreis: Saale-Holzland-Kreis
Bundesland: **Thüringen**

Eine Stadtansicht aus dem Jahr 1777 zeigt, dass ein Teil des Eisenberger Schlossgartens als Kräutergarten genutzt wurde. Vor 40 Jahren wurde an dieser Stelle wieder ein großer Nutzgarten angelegt. Über 50 verschiedene Kräuter-, Nutz- und Heilpflanzen wachsen dort.

EIN

EINBECK
Kreis: Northeim
Bundesland: **Niedersachsen**

Den traditionellen Einbecker Blaudruck gibt es schon seit über 375 Jahren. Die alte Handwerkstechnik wird nur noch selten in Deutschland angewendet. Über 800 Model sind entstanden, Birnbaum eignet sich besonders gut für ihre Herstellung. Bei einer Besichtigung kann man die Kunst der Blaudruckerei kennenlernen.

EL

EMSLAND
Kreis: Emsland
Bundesland: **Niedersachsen**

Wie wird eigentlich Papier gemacht und wie wird es bedruckt? In der Papierwelt Dörpen darf jeder sein eigenes Papier schöpfen, natürlich Büttenpapier, mit einem geheimnisvollen Wasserzeichen. Verschiedene Drucktechniken können danach auf – industriell gefertigtem – Papier ausprobiert werden.

EM

EMMENDINGEN
Kreis: Emmendingen
Bundesland: **Baden-Württemberg**

Die Burg- und Festungsruine Hochburg geht auf das 11. Jahrhundert zurück und wurde wahrscheinlich von Dietrich von Hachberg gegründet. Nach einer wechselvollen Geschichte wurde die Burg 1688 endgültig von französischen Truppen zerstört. Aus Geldmangel baute man die Festung nicht mehr auf. Heute findet man dort ein Museum, das über das mittelalterliche Leben auf der Burg berichtet.

Im Naturpark Nassau kann man durch Buchen- und Eichenwälder wandern. An Stellen mit kalkhaltigen Böden wachsen wilde Orchideen, in schattigen, feuchten Schluchten finden sich seltene Farnarten, und eine seltene Fledermausart hat dort ihr Refugium: die Zweifarbfledermaus. 34 verschiedene Libellenarten umschwirren die Besucher und 39 Heuschreckenarten hüpfen herum.

EMS

EMS
Kreis: Rhein-Lahn-Kreis
Bundesland: **Rheinland-Pfalz**

EMD

EMDEN
Stadt Emden
Bundesland:
Niedersachsen

Der Hafen von Emden ist ein großer Umschlagplatz für Autos: In Deutschland produzierte Autos werden von dort aus verschifft, und umgekehrt treffen auch die im Ausland gefertigten dort ein. In Emden steht »Dat Otto Huus«. Besichtigen kann man nicht nur Ottifanten, sondern auch viele persönliche Gegenstände des Komikers.

Die Kluterthöhle ist eine der größten Naturhöhlen in Deutschland. Erforscht sind bislang 300 Gänge mit einer Länge von insgesamt 5497 Metern. In der Höhle gibt es Fledermäuse, unterirdische Flüsse und Seen. Eigentlich ist die Höhle ein Korallenriff, das kann man noch an den Versteinerungen von Muscheln und Korallen erkennen. Ein riesiger Abenteuerspielplatz, den man auf unterschiedlichen Touren erkunden kann.

EN

ENNEPE
Kreis: Ennepe-Ruhr-Kreis
Bundesland: **Nordrhein-Westfalen**

ER

(auslaufend)

ERLANGEN

Stadt Erlangen

Bundesland: **Bayern**

Alle zwei Jahre findet in Erlangen der Comic-Salon statt. Er ist die wichtigste Veranstaltung für die gezeichnete Literatur im deutschsprachigen Raum. Viele Zeichner kommen, und wie bei allen Messen kann man auch vergriffene Exemplare der Lieblingscomics bei Antiquaren kaufen.

ERH

ERLANGEN

Kreis: Erlangen-Höchstadt

Bundesland: **Bayern**

In Möhrendorf gibt es die neun letzten Wasserschöpfräder Mitteleuropas. Sie liegen an der Regnitz. Von Frühjahr bis in den Herbst hinein schöpfen sie das warme und sauerstoffreiche Oberwasser ab. Es wird auf Wiesen geleitet, die besonders ertragreich sind.

ERB

ERBACH

Kreis: Odenwaldkreis

Bundesland: **Hessen**

In Erbach gibt es etwas, das es sonst nirgendwo auf der Welt gibt: ein Spezialmuseum für Elfenbein. Dort werden fantastische Schnitzereien aus Asien, Afrika und Europa gezeigt. Teilweise sind sie so fein gearbeitet, dass man sich gar nicht vorstellen kann, wie ein Mensch das mit seinen Fingern schafft. Die Schnitzkunst hat in Erbach eine lange Tradition, und bis heute gibt es in Michelstadt eine Berufsfachschule, in der das Handwerk erlernt werden kann.

ERK

ERKELENZ

Kreis: Heinsberg

Bundesland: **Nordrhein-Westfalen**

Auf dem Boden der Stadt Erkelenz wurde das älteste erhaltene Holzbauwerk der Erde gefunden. Ein Brunnen, der aus Spaltholz in Blockbauweise errichtet wurde und aus dem Jahr 5090 vor Christus stammt. Im Bereich der heutigen Stadt siedelten sich also vor über 5000 Jahren schon Menschen an.

D ERZ

ERZGEBIRGE
Kreis: Erzgebirgskreis
Bundesland: **Sachsen**

Im Erzgebirgskreis steht Sachsens höchster Berg: der Fichtelberg (1215 m). Wer nicht zu Fuß gehen will, fährt mit Deutschlands ältester Seilschwebebahn von der höchstgelegenen Stadt Deutschlands, dem Kurort Oberwiesenthal (914 m), aus dort hinauf.

D ESB

ESCHENBACH/OBERPFALZ
Kreis: Amberg-Sulzbach, Bayreuth, Neustadt a. d. Waldnaab, Nürnberger Land
Bundesland: **Bayern**

Der Fischadlerbestand in Bayern ist in den letzten Jahrzehnten immer kleiner geworden. Umso spannender ist es, dass am Großen Rußweiher bei Eschenbach schon einige Jahre ein Fischadlerpärchen einen Horst bebrütet. Über eine Webcam der Stadt Eschenbach kann man die Ereignisse im Horst, zum Beispiel die frisch gelegten Eier oder die winzigen Küken, jederzeit mitverfolgen und ansehen.

D ES

ESSLINGEN
Kreis: Esslingen
Bundesland: **Baden-Württemberg**

Eine Sagengestalt, die in Esslingen wohnt, ist der Postmichel. Zu Unrecht wurde der Postreiter verdächtigt, einen reichen und angesehenen Bürger ermordet zu haben. Auf dem Schafott kündigte er an, so lange am Michaelistag sein Posthorn erklingen zu lassen, bis der eigentliche Mörder gefunden wird. Dies tat er – mit dem Kopf unter dem Arm –, bis der wahre Mörder gestand.

D ESW

ESCHWEGE
Kreis: Werra-Meißner-Kreis
Bundesland: **Hessen**

Im Werratal gibt es den Kalkhof in Wanfried. Dort leben einige Lamas, die man besuchen kann. Lamafreunde können den richtigen Umgang mit diesem großen Tier erlernen, das in Deutschland ja nicht wirklich zu den gewöhnlichen Haustieren zählt. Danach kann man mit dem Lama am Zügel zu einer Wanderung aufbrechen.

EU

EUSKIRCHEN
Kreis: Euskirchen
Bundesland: **Nordrhein-Westfalen**

Das Radioteleskop Effelsberg hat einen Durchmesser von knapp 100 Metern. Es ist das zweitgrößte bewegliche Teleskop dieser Art weltweit. Es kann Radiowellen aus einer Entfernung von bis zu 12 Milliarden Lichtjahren empfangen. Von einem Aussichtsplateau aus kann man das riesige Gerät besichtigen.

F

FRANKFURT AM MAIN
Stadt Frankfurt am Main
Bundesland: **Hessen**

In Frankfurt steht das höchste Haus Deutschlands und das höchste Bürogebäude Europas: der Commerzbank Tower. Er ist mit Antenne 300 Meter hoch, ohne 259 Meter. Erbaut wurde er von Foster Associates Architects. Das Besondere an dem Haus sind die in den oberen Geschossen integrierten Turmgärten. Jeder hat eine andere Vegetation, von asiatisch bis mediterran. Sie sind die grünen Lungen des Hauses.

EW

EBERSWALDE
Kreis: Barnim
Bundesland: **Brandenburg**

Die Stadt Eberswalde hat sozusagen ein »redendes Wappen«. Ein Siegel, das um 1300 entstand, zeigt es erstmalig: Auf dem Wappen sind zwei Eber und als Symbol für den Wald ein Eichenbaum mit goldenen Eicheln zu sehen. Darüber schwebt ein roter Adler, der aus dem Wappen des Landesherrn stammt.

FB

FRIEDBERG
Kreis: Wetteraukreis
Bundesland: **Hessen**

Elvis Presley leistete seinen Militärdienst von 1958 bis 1960 in Bad Nauheim ab. Deshalb gibt es dort die größte private Sammlung außerhalb der USA mit Gebrauchsgegenständen, die das Idol besessen hat, aber auch mit Bildern und mit Schriftstücken von ihm. Schwerpunkt der Sammlung ist seine Zeit in Deutschland, aus der Uniformen, aber auch ein Fahrrad oder Schmuck gezeigt werden.

FD

FULDA
Kreis: Fulda
Bundesland: **Hessen**

Einen Feind hat der Mensch, den er schon immer kontrollieren wollte: das Feuer. Im Deutschen Feuerwehr-Museum kann man nachvollziehen, mit welchen Mitteln das versucht wurde. Die Anfänge des Brandschutzes liegen im Mittelalter, und bis heute wird an dieser Aufgabe gearbeitet. Ausprobieren kann man den kräftezehrenden Einsatz von Handdruckspritzen, ansehen Fahrzeuge mit ganz unterschiedlichen technischen Raffinessen.

Freudenstadt hat den größten Marktplatz Deutschlands. Eigentlich hätte dort, wo heute die riesige Fläche inmitten der Stadt ist, ein Schloss entstehen sollen. Dazu kam es aber nicht, weil nach dem Tod Herzog Friedrichs die Pläne dafür fallen gelassen wurden.

FDS

FREUDENSTADT
Kreis: Freudenstadt
Bundesland: **Baden-Württemberg**

FDB

FRIEDBERG
Kreis: Aichach-Friedberg
Bundesland: **Bayern**

Im 17. und 18. Jahrhundert waren die Friedberger Uhrmacher in ganz Europa berühmt. Sie fertigten für reiche Bürger und den Adel Taschen-, Kutschen-, Tisch- und Telleruhren und viele andere ausgefallene Modelle. Zu besichtigen sind sie in einer großen Sammlung im Wittelsbacher Schloss.

Vom Umland werden die Feuchtwanger auch »Zeiselesfänger« genannt. Angeblich ist einem früheren Bürgermeister sein Zeisig aus dem Käfig entkommen. Daraufhin befahl er, die Stadttore zu schließen, und den Feuchtwanger Bürgern, den Vogel zu jagen. Dieser flog über die Stadtmauer auf und davon und die »schlauen Feuchtwanger« blieben ratlos zurück.

FEU

FEUCHTWANGEN
Kreis: Ansbach
Bundesland: **Bayern**

FF

FRANKFURT
Stadt Frankfurt (Oder)
Bundesland: **Brandenburg**

Frankfurt an der Oder wird auch die Kleist-Stadt genannt. Heinrich von Kleist wurde dort 1777 geboren. Heute kennt jeder diesen Schriftsteller, zu seinen Lebzeiten gelang es ihm aber nicht, Anerkennung, geschweige denn Ruhm zu erlangen. 1811 brachte er sich gemeinsam mit Henriette Vogel um. Frankfurt an der Oder ist die östlichste Stadt Deutschlands. In nur 10 Gehminuten erreicht man die Stadt Slubice, die schon in Polen liegt.

FG

FREIBERG
Kreis: Mittelsachsen
Bundesland: **Sachsen**

8000 Tonnen Silber wurden in rund 800 Jahren aus dem Freiberger Boden geholt, 2000 Kilometer lang ist das gesamte Streckennetz im Revier. Mit dem Förderkorb kann man in 150 Meter Tiefe in das Schaubergwerk »Himmelfahrt Fundgrube« hinabfahren und dort Beeindruckendes über die Arbeit der Bergleute ab dem Mittelalter erfahren.

FFB

FÜRSTENFELDBRUCK
Kreis: Fürstenfeldbruck
Bundesland: **Bayern**

Bayern ist dicht besiedelt, aber am dichtesten der Landkreis Fürstenfeldbruck. Das hängt damit zusammen, dass er direkt vor den Toren Münchens liegt und viele Menschen dort wohnen und in München arbeiten. Das Kloster in Fürstenfeldbruck war eine sogenannte »Sühnestiftung«: der bayrische Herzog Ludwig der Strenge stiftete es für die Hinrichtung seiner Frau Maria von Brabant im Jahr 1263.

FI

FINSTERWALDE
Kreis: Elbe-Elster
Bundesland: **Brandenburg**

Finsterwalde darf sich seit 2009 offiziell als »Sängerstadt« bezeichnen. Ende des 19. Jahrhunderts gab es einen Gassenhauer »Wir sind die Sänger von Finsterwalde, wir leben und sterben für den Gesang«. Darauf geht auch das Finsterwalder Sängerfest zurück, das bis heute alle zwei Jahre stattfindet.

FKB

FRANKENBERG
Kreis: Waldeck-Frankenberg
Bundesland: **Hessen**

Vor dem 9. Mai 1476 zählte Frankenberg zu den bedeutendsten Städten Hessens, dann zerstörte ein Großbrand Alt- und Neustadt. Von dieser Katastrophe hat sich die Stadt nie mehr richtig erholt, hinzu kam ein weiterer Brand 1507, der die Neustadt noch einmal vernichtete. Das historische Rathaus Frankenbergs wurde 1509 nach dem Vorbild des alten Rathauses wiederaufgebaut. Es gilt als eines der schönsten Fachwerk-Rathäuser.

Geprägt wird das Stadtbild von Flöha von der »Alten Baumwolle«. 1809 wurde die Baumwollspinnerei gegründet, die zunächst 160 Menschen beschäftigte. Bis 1989 wurde der Betrieb mit ca. 1200 Mitarbeitern als VEB Vereinigte Baumwollspinnereien und Zwirnereien weitergeführt. Heute wird aus dem Industriedenkmal die neue Stadtmitte Flöha entwickelt.

FLÖ

FLÖHA
Kreis: Mittelsachsen
Bundesland: **Sachsen**

FL

FLENSBURG
Stadt Flensburg
Bundesland:
Schleswig-Holstein

Im 16. Jahrhundert gehörte Flensburg noch zur dänischen Krone. Es war als Handelsstadt mit 5000 Einwohnern und 200 Schiffen bedeutender als Kopenhagen. Während des Dreißigjährigen Krieges und der nordischen Kriege wurde die Stadt so oft niedergebrannt und ausgeraubt, dass sie ihren Rang schnell an Hamburg und Kopenhagen verlor. Bis heute gibt es dort eine dänische Minderheit. In Flensburg wird das deutsche Verkehrszentralregister geführt.

Im Zeppelin Museum findet man die weltweit größte Sammlung zur Luftschifffahrt. Thema ist nicht ausschließlich die Technik, auch Kunst, die Gedanken rund um das Fliegen aufgreift, wird gezeigt. Und natürlich findet der Besucher all den Nippes, der rund um die Luftschiffe entstand: Tassen, Blechspielzeug, Briefmarken etc.

FN

FRIEDRICHSHAFEN
Kreis: Bodenseekreis
Bundesland: **Baden-Württemberg**

FO

FORCHHEIM
Kreis: Forchheim
Bundesland: **Bayern**

In Forchheim hängen sogenannte Fischkästen in den Fluss Wiesent. Forchheim war schon immer eine Stadt, die mit der Fischerei eng verbunden war. Die Fischkästen dienten den Fischhändlern dazu, ihre Fische lebend und in frischem Wasser aufzubewahren.

FOR

FORST
Kreis: Spree-Neiße
Bundesland: **Brandenburg**

Im »Ostdeutschen Rosengarten Forst« stehen 10 000 Rosenstöcke und 900 verschiedene Rosensorten werden gezeigt. Er gliedert sich in drei Bereiche: den Rosenpark, in dem Jugendstil-Elemente dominieren, den Wehrinselpark, eine Anlage im englischen Landschaftsstil, und in die Reisigwehrinsel. Dieser Park ist nicht nur zur Blütezeit ein Erlebnis, im Winter entfaltet er eine ganz besondere Schönheit.

FR

FREIBURG
Kreis/Stadt: Breisgau-Hochschwarzwald/Freiburg
Bundesland: **Baden-Württemberg**

Das Stadtgut Mundenhof ist ein Tier-Natur-Erlebnispark. Früher war der Hof einer der größten landwirtschaftlichen Betriebe des Landes. Landwirtschaft wird auf dem Mundenhof immer noch betrieben, daneben gibt es ein Tiergehege, und Naturpädagogik wird dort ganz großgeschrieben.

FRG

FREYUNG
Kreis: Freyung-Grafenau
Bundesland: **Bayern**

Der Landkreis hat eine Besonderheit: Er grenzt an zwei Länder an. Acht Kilometer lang teilt er sich die Grenze mit Österreich, die nächsten 59 Kilometer mit der Tschechischen Republik.
Die Stadt liegt an einem der größten zusammenhängenden Waldgebiete Mitteleuropas.

FRI

FRIESLAND
Kreis: Friesland
Bundesland: **Niedersachsen**

Es gibt einen friesischen Nationalsport, und das ist jetzt kein Witz: das Boßeln. Beim Boßeln treten zwei Mannschaften mit je einer Kugel gegeneinander an und versuchen, sie möglichst weit zu werfen. Gespielt wird auf der Straße, und man muss höllisch aufpassen, dass die Kugeln dort bleiben und nicht in den Graben rollen. Heute sind die Kugeln aus Kunststoff, früher waren sie aus Holz.

FS

FREISING
Kreis: Freising
Bundesland: **Bayern**

Die älteste Brauerei der Welt findet sich in Freising. Es ist die Bayerische Staatsbrauerei Weihenstephan. Genau – die Brauerei heißt wie die vielen Milchprodukte, die man aus dem Kühlregal kennt. Seit 1040 wird an diesem Flecken Erde Bier gebraut.

FRW

BAD FREIENWALDE
Kreis: Märkisch-Oderland
Bundesland: **Brandenburg**

Als Kurort hat Bad Freienwalde eine lange Tradition. Es ist der älteste Kurort der Mark Brandenburg. Kurfürst Friedrich Wilhelm I., der von Gichtanfällen geplagt wurde, linderte sie schon in den mineralhaltigen Quellen. Seit 1840 werden dort auch Moorbehandlungen angeboten.

FT

(auslaufend)
FRANKENTHAL
Stadt Frankenthal
Bundesland: **Rheinland-Pfalz**

Die TG Frankenthal gehört zu den wirklich erfolgreichen Hockeyvereinen Deutschlands. Die Deutsche Hallenmeisterschaft gewann der Verein fünfmal hintereinander, bisher einmalig. Über die Geschichte der ehemaligen Festungs- und Garnisonsstadt kann man im Erkenbert-Museum viel erfahren.

FTL

FREITAL
Kreis: Sächsische Schweiz-Osterzgebirge
Bundesland: **Sachsen**

Freital ist eine junge Stadt: Sie wurde erst 1921 gegründet. Sie liegt landschaftlich reizvoll im Döhlener Becken. Schon vor der Stadtgründung hatte sich viel Industrie in dem Tal angesiedelt, weil es dort große Steinkohlevorkommen gab und die Stadt Dresden ganz in der Nähe liegt. Das Wahrzeichen der Stadt befindet sich auf dem Windberg, das König-Albert-Denkmal, ein 17 Meter hoher Obelisk.

FÜ

FÜRTH
Kreis: Fürth
Bundesland: **Bayern**

In Fürth gibt es das Rundfunkmuseum. Dort kann man noch einmal so altertümliche Technologien wie die Telegrafie erleben. Die Geschichte von Rundfunk und Fernsehen wird erzählt und die Weiterentwicklung der Schallaufzeichnung erklärt.

FÜS

FÜSSEN
Kreis: Ostallgäu
Bundesland: **Bayern**

In Füssen steht das berühmteste Märchenschloss: Schloss Neuschwanstein. Erbaut wurde es an einem Platz, den König Ludwig II. sehr liebte. Der Bergrücken, auf dem es sich erhebt, wird »Jugend« genannt.

FW

FÜRSTENWALDE
Kreis: Oder-Spree
Bundesland: **Brandenburg**

Lust auf eine rasante Bergabfahrt? Zuerst heißt es natürlich rauf auf die Rauener Berge, zu Fuß oder mit dem Lift. Und dann geht es über 1000 Meter hinunter in Sprüngen, engen Kurven und Kreiseln.

FZ

FRITZLAR
Kreis: Schwalm-Eder-Kreis
Bundesland: **Hessen**

Religion hat in der Dom- und Kaiserstadt Fritzlar von Anbeginn eine große Rolle gespielt. Bonifatius ließ im Jahr 723 die sogenannte Donareiche fällen und errichtete aus dem Holz des Baums eine Kapelle. Er wählte diesen Baum, da er ein Heiligtum der Chatten, eines germanischen Stamms war. Dort, wo die Kapelle stand, wurde vom 12. bis zum 14. Jahrhundert der Dom St. Peter von Fritzlar errichtet.

D G

(auslaufend)
GERA
Stadt Gera
Bundesland: **Thüringen**

Die Geraer Höhler liegen unter der Stadt und entstanden im 17. und 18. Jahrhundert. Sie dienten der Bierkühlung und wurden ab dem Zeitpunkt, als das Bier industriell hergestellt wurde, nicht mehr benutzt und dann vergessen. Insgesamt gibt es 220 Höhler, Wirtschaftskeller, unter der Stadt mit einer Länge von 9 km; 250 Meter davon können besichtigt werden.

D GAN

BAD GANDERSHEIM
Kreis: Northeim
Bundesland: **Niedersachsen**

Die berühmteste Frau Bad Gandersheims, Roswitha (um 935 bis um 980), hieß altsächsisch »Hrotsvit«. Sie gilt als die erste deutschsprachige Autorin. Über das Leben der Frau, die im Frühmittelalter lebte, weiß man wenig. Bekannt sind ihre Texte: Als Kanonisse des Stifts Gandersheim verfasste sie geistliche Schriften. Über Otto I., den sie sehr schätzte, weil während seiner Regierungszeit das kulturelle Leben blühte, schrieb sie ebenfalls.

D GA

GARDELEGEN
Kreis: Altmarkkreis-Salzwedel
Bundesland: **Sachsen-Anhalt**

Drei Stadttore hatte Gardelegen, eines davon ist nur noch erhalten: das Salzwedeler Tor. Das Tor, das im 16. Jahrhundert erbaut wurde, wirkt fast zierlich zwischen den zwei riesigen Batterietürmen. Der kleinere hat einen Durchmesser von neun Metern, der größere einen von 18 Metern. Batterietürme ermöglichten es, bei der Verteidigung Feuerwaffen auf verschiedenen Ebenen und in unterschiedliche Richtungen feuern zu lassen.

D GAP

GARMISCH-PARTENKIRCHEN
Kreis: Garmisch-Partenkirchen
Bundesland: **Bayern**

Mit 2962 Metern ist die Zugspitze der höchste Berg Deutschlands. Natürlich kann man auf den Berg hinaufsteigen, aber die Tour ist anspruchsvoll. Da ist es schon bequemer, die Höhenmeter mit der Zugspitzbahn zu überwinden. Bei schönem Wetter ist der Blick atemberaubend.

GC

GLAUCHAU
Kreis: Zwickau
Bundesland: **Sachsen**

1884 wurde eines der ältesten Museen in Sachsen gegründet, das sich bis heute im Schloss Glauchau befindet. Im Museum wird der Alltag der Weber, die Geschichte der Stadt und des Schlosses Glauchau gezeigt und erklärt. Bilder und komplett eingerichtete Räume vermitteln, wie der Adel und das gehobene Bürgertum in früheren Zeiten lebten.

GDB

GADEBUSCH
Kreis: Nordwestmecklenburg
Bundesland:
Mecklenburg-Vorpommern

Gadebusch gehört zur Märchenstraße Mecklenburg-Vorpommerns. Im Straßenpflaster finden sich goldene Federn. Folgt man ihnen, kann man Aschenputtels Schuh finden oder man begegnet dem Gadebuscher Trommler. Er musste mit seiner Trommel im 16. Jahrhundert Mäuse und Ratten aus einem Tunnel vertreiben. Seitdem dieser über ihm zusammenstürzte, hört man ihn am späten Abend und in der Nacht zwischen Schloss und Kirche trommeln.

GD

SCHWÄBISCH GMÜND
Kreis: Ostalbkreis
Bundesland: **Baden-Württemberg**

Zur Wallfahrtsstätte St. Salvator führt ein Kreuzweg, auf dem sich Kapellenhäuschen an Kapellenhäuschen reiht. Darin stehen lebensgroße Heiligenfiguren. St. Salvator selbst besteht aus zwei Felsenkapellen. Einen Dominikaner hatte die Jakobshöhle in Jerusalem an eine Höhle daheim erinnert. Diese Höhle am Nepperberg wurde zu einer Wallfahrtskirche ausgebaut. In der oberen Kapelle wurde ein Relief direkt aus dem Fels geschlagen, es zeigt die Ölbergszene.

GE

GELSENKIRCHEN
Stadt Gelsenkirchen
Bundesland: **Nordrhein-Westfalen**

In den 1930er- und 1940er-Jahren waren die Schalker für ihre besondere Fußballtechnik berühmt. Die Taktik, die gespielt wurde, wird heute als One-Touch-Fußball bezeichnet, damals nannte man es den Schalker Kreisel. Die Arena auf Schalke kann man bei einer Arena-Tour besichtigen und dabei einen Blick hinter die Kulissen werfen.

D GEL

GELDERN
Kreis: Kleve
Bundesland: **Nordrhein-Westfalen**

Der Sage nach wurde im Jahr 879 in Geldern ein Drache getötet. Die mutigen Männer waren die Söhne des Grafen von Pont, Lupold und Wichard. Der Todesschrei des Drachen »Gelre« gab der Stadt ihren Namen. Am Gelderner Markt gibt es einen Drachenbrunnen, um dessen Säule herum die Sage gezeigt wird.

Interessiert man sich für Straßenbau, dann ist man in Germersheim genau richtig. Dort gibt es ein Museum, das sich ausschließlich mit dessen Geschichte auseinandersetzt. Ob man es glaubt oder nicht, die frühesten Exponate zeigen einen Bohlenweg aus der Zeit um 800 v. Chr.

D GER

GERMERSHEIM
Kreis: Germersheim
Bundesland: **Rheinland-Pfalz**

D GEO

GEROLZHOFEN
Kreise: Haßberge, Schweinfurt
Bundesland: **Bayern**

Ein Bierkrug- und Brauereiartikelmuseum mit 3500 Tonkrügen und 500 Glaskrügen gibt es in Gerolzhofen. Gesammelt werden für das private Museum hauptsächlich Krüge aus Franken und dem restlichen Bayern. Interessantes über die Geschichte der Bierherstellung erfährt man ebenfalls.

Das Otterzentrum Hankensbüttel ist ein Naturerlebnis-Zentrum der besonderen Art. In großen Freigehegen, die den Lebensräumen der Tiere angepasst sind, kann man dort Fischotter beobachten. Aber nicht nur diese, sondern auch alle »Verwandten« der Otter: Dachs, Hermelin, Steinmarder, Iltis und den Baummarder.

D GF

GIFHORN
Kreis: Gifhorn
Bundesland: **Niedersachsen**

GG

GROSS-GERAU
Kreis: Groß-Gerau
Bundesland: **Hessen**

Im Kreis Groß-Gerau liegt der Rhein-Main-Flughafen. Er ist Europas größter Frachtflughafen mit 2,23 Millionen Tonnen Luftfracht und Europas drittgrößter Flughafen mit 53 Millionen Passagieren. Das Betriebsgelände umfasst 15,6 Quadratkilometer, ist also so groß wie eine kleine Stadt und bietet 71 500 Menschen Arbeitsplätze.

GHC

GRÄFENHAINICHEN
Kreis: Wittenberg
Bundesland: **Sachsen-Anhalt**

1874 wurde die erste Druckerei in Gräfenhainichen gegründet. Zum Gutenbergjahr 1968 wurde ein Museum geschaffen, das sich mit dem Druckhandwerk beschäftigt. Außerdem gibt es ein einzigartiges Freilichtmuseum zu sehen, Ferropolis. Beherrscht wird das Areal von den riesigen Baggermaschinen, die früher für den Braunkohleabbau benötigt wurden.

GHA

GEITHAIN
Kreis: Leipzig
Bundesland: **Sachsen**

Unter der Stadt Geithain gibt es ein Gang- und Höhlensystem, das 1100 Meter lang ist. 412 Meter davon können besichtigt werden. Wahrscheinlich wurden die Gänge und Nischen als Flucht- und Vorratsräume genutzt. Erst im Laufe der Jahrhunderte wurden sie miteinander verbunden. Vom Zollhaus aus führt ein Gang unter der ehemaligen Stadtmauer hindurch. Er wurde bei Belagerungen als Fluchtweg genutzt.

GI

GIESSEN
Kreis: Gießen
Bundesland: **Hessen**

In Gießen gibt es das Mathematikum. Es ist das erste mathematische Mitmach-Museum der Welt. Die Idee dazu hatte Prof. Beutelspacher. Im Mathematikum kann jeder selbstständig spielerische Experimente ausführen, die den Kopf zum Denken und zur Lösung eines mathematischen Problems anregen.

GK

GEILENKIRCHEN

Kreis: Heinsberg

Bundesland: **Nordrhein-Westfalen**

In einer ehemaligen Hauptschule Geilenkirchens wurde ein historisches Klassenzimmer eingerichtet, das man besuchen kann. Eine Schiefertafel, Ledertornister, alte Karten, Zeugnisse und Klassenfotos können besichtigt werden. Und hin und wieder gibt es für diejenigen, die immer noch Lust auf Schule haben, eine Unterrichtsstunde.

GLA

GLADBECK

Kreis: Recklinghausen

Bundesland: **Nordrhein-Westfalen**

Die Stadt Gladbeck hat ihre eigenen Alpen, die Braucker Alpen. Die Halde 22 und die Mottbruchhalde im Süden von Gladbeck werden so bezeichnet. Die Halde 22 wurde in Vulkanform aufgeschüttet, mit dem typischen Krater. Flach ansteigende Wiesen und Wälder bilden den Sockel, zum Krater hin wird der Berg immer steiler.

GL

GLADBACH

Kreis: Rheinisch-Bergischer Kreis

Bundesland: **Nordrhein-Westfalen**

Seit 1988 existiert das Puppenpavillon Bensberg. Es gibt dort Theaterstücke für Kinder, wie z. B. »Dornröschen«, oder »Das Hemd eines Glücklichen« für Erwachsene.

GM

GUMMERSBACH

Kreis: Oberbergischer Kreis

Bundesland: **Nordrhein-Westfalen**

In Marienheide-Müllenbach steht Haus Dahl, das älteste Bauernhaus des oberbergischen Kreises. Der typische Vertreter des niederdeutschen Hallenhauses wurde Mitte des 16. Jahrhunderts erbaut. Gedeckt ist es mit Strohdocken, ein großer Bauerngarten rundet das Ensemble ab. Lebendig erklärt das Museum, wie Mensch und Tier damals unter einem Dach lebten und sich ihr Alltag gestaltete.

D GMN

GRIMMEN
Kreis: Vorpommern-Rügen
Bundesland:
Mecklenburg-Vorpommern

Das Greifswalder Tor in Grimmen war Teil der Stadtbefestigungsanlage und wurde zwischen 1350 und 1400 erbaut. Etwa im Jahr 1800 wurde der komplette obere Teil des Tores von einem Blitz zerstört. Da zur damaligen Zeit kein Geld im Stadtsäckel war, bekam das Tor sein altes Aussehen nicht wieder. Die anderen beiden noch vorhandenen Tore der Wehranlage sind das Stralsunder Tor und das Mühlentor.

D GNT

GENTHIN
Kreis: Jerichower Land
Bundesland: **Sachsen-Anhalt**

Ein ganz außergewöhnliches Museum gibt es in Genthin: Es beschäftigt sich mit einem Thema, über das kaum jemand nachdenkt, nämlich damit, wie Wäsche sauber wird. Das »Waschmuseum« zeigt die Entwicklung der verschiedenen Waschmittel und der Technologie, vom Waschbrett bis hin zur neuesten Waschmaschine.

D GN

GELNHAUSEN
Kreis: Main-Kinzig-Kreis
Bundesland: **Hessen**

Wahrzeichen der Stadt Gelnhausen ist die mächtige Marienkirche, die zwischen 1170 und 1250 gebaut wurde. Als Material wurde Gelnhauser Sandstein verwendet. Im Stadtteil Meerholz befindet sich seit 2007 der geografische Mittelpunkt der Europäischen Union, dessen exakte Koordinaten 50°10'21'' Nord und 9°9'0'' Ost sind.

D GÖ

GÖTTINGEN
Kreis: Göttingen
Bundesland: **Niedersachsen**

Göttingen ist Universitätsstadt und die Uni dort ist berühmt: Ca. 40 Nobelpreisträger wurden in den letzten 100 Jahren dort ausgebildet. Tradition ist es, dass jeder männliche Student, der in Göttingen seinen Doktortitel bekommt, das Gänseliesel, eine Brunnenfigur auf dem Marktplatz, küsst.

GOA

SANKT GOAR
Kreis: Rhein-Hunsrück-Kreis
Bundesland: **Rheinland-Pfalz**

Über Sankt Goar steht die Burg Rheinfels, die größte Burgruine am Rhein. Diese große Wehranlage war eine Zollburg und galt als uneinnehmbar. Die rheinaufwärts fahrenden Schiffe mussten dort ihren Obolus entrichten. Ihr Erbauer war Graf von Katzenelnbogen.

Wer Modelleisenbahnen mag, der kennt Göppingen. Dort kommen die berühmten Märklin-Bahnen her. Im Museum des Betriebes kann man Schätze aus der 150-jährigen Geschichte anschauen. Außergewöhnlich ist auch die begehbare Ho-Modellbahn.

GP

GÖPPINGEN
Kreis: Göppingen
Bundesland: **Baden-Württemberg**

GOH

SANKT GOARSHAUSEN
Kreis: Rhein-Lahn-Kreis
Bundesland: **Rheinland-Pfalz**

Sankt Goarshausen ist die Loreleystadt. Die Loreley ist ein ungefähr 132 Meter hoher Felsen über dem Rheintal. Genau an dieser Stelle ist der Rhein bis zu 25 Meter tief und 113 Meter breit und besonders gefährlich. Die bekannteste Geschichte über die mysteriöse Loreley ist wohl diese: Eine unglückliche bildschöne Frau, die ihr langes blondes Haar auf dem Felsen auskämmt, dadurch die Schiffer ablenkt und ins Verderben führt.

Görlitz ist die Stadt, in der auch heute noch die beliebten »Liebesperlen« hergestellt werden. Wer zu viel davon gegessen hat, wandert hinauf auf die Landeskrone, das ist ein Vulkankegel, auf dem früher eine Burg stand. Wem das zu anstrengend ist, der fährt mit dem Landeskrone-Express.

GR

GÖRLITZ
Kreis: Görlitz
Bundesland: **Sachsen**

GRA

GRAFENAU
Kreis: Freyung-Grafenau
Bundesland: **Bayern**

Grafenau ist die Bärenstadt, nicht nur weil auf ihrem Wappen ein Bär über die Wehrmauer ins Land schaut. Zu Zeiten des 1808 geborenen Herzog Max in Bayern fanden rund um Grafenau Bärenjagden statt. Da wundert es auch nicht, dass es einen 14 Kilometer langen Bärenpfad gibt!

GRI

BAD GRIESBACH/ROTTAL
Kreis: Rottal-Inn
Bundesland: **Bayern**

Bad Griesbach ist ein Kurort mitten im Bayerischen Bäderdreieck. Drei Quellen sprudeln dort aus einer Tiefe von über 1500 Metern an die Oberfläche. Die Wasserfläche der Bäder zusammen ergibt 1600 Quadratmeter. Viele der Hotels sind mit der Therme über Bademantelgänge verbunden, sehr bequem – aus dem Bett kann man sofort in die Therme, Umziehen fällt aus.

GRH

GROSSENHAIN
Kreis: Meißen
Bundesland: **Sachsen**

Großenhain liegt an der Via Regia, einer Pilgerstraße, die von Kiew bzw. Moskau bis nach Santiago de Compostela führt. Eine gelbe Jakobsmuschel auf blauem Grund dient als Wegweiser und führt die Pilger durch die Stadt. Das uralte Wegenetz fand lange keine Beachtung mehr. Erst 1987 startete der Europarat eine Kampagne zur Neubelebung der Wege.

GRM

GRIMMA
Kreis: Leipzig
Bundesland: **Sachsen**

Durch Grimma fließt die Mulde, ein Nebenfluss der Elbe. Grimma ist über eine Fähre auf dem Flüsschen mit seinem Vorort Höfgen verbunden. Nur einmal stoppt die Fähre auf der Fahrt: bei Kloster Nimbschen. Besonderen Spaß macht die Muldenschifffahrtstour, wenn man nur einen Weg fährt und die andere Strecke zu Fuß zurücklegt.

GRZ

GREIZ
Kreis: Greiz
Bundesland: **Thüringen**

Das Gelände zwischen Hohenstein und Köhlerspitze war um 1900 bevorzugter Aufenthaltsort von Lieb und Finger, zwei Aussteigern. Die beiden Greizer lebten dort als Höhlenmenschen. Sie hatten eine Haupthöhle und Zweit- und Dritthöhlen, zwischen denen sie hin und her wechselten. Im Winter durften sie im Kesselhaus der Papierfabrik schlafen.

GT

GÜTERSLOH
Kreis: Gütersloh
Bundesland: **Nordrhein-Westfalen**

So klein Gütersloh ist, so groß ist seine Bedeutung als Standort. Firmen wie Bertelsmann, einer der größten Medienkonzerne der Welt, oder Miele haben sich dort angesiedelt. Und noch einen Superlativ gibt es: Bei Schloss Holte-Stukenbrock befindet sich einer der größten Safari-Parks Deutschlands.

GS

GOSLAR
Kreis: Goslar
Bundesland: **Niedersachsen**

Die Stadt Goslar war eine bedeutende und reiche Stadt, dank des Erzes. Das Bergwerk Rammelsberg, in dem es abgebaut wurde, ist das einzige auf der Welt, in dem über 1000 Jahre ununterbrochen gearbeitet wurde. Es gehört mittlerweile zum UNESCO-Weltkulturerbe. Heute kann man als Besucher immer noch in die Grube einfahren und sich ansehen, wie das Erz gewonnen wurde.

GTH

GOTHA
Kreis: Gotha
Bundesland: **Thüringen**

Es gibt ein Buch, das wie die Stadt heißt: der »Gotha«. Unter seinem umgangssprachlichen Namen, eben der Gotha, ist dieses genealogische Handbuch des Adels weltbekannt geworden. Es zählt alle Mitglieder der deutschen Adelsgeschlechter auf und zeigt ihre Wappen. Besuchen kann man in Gotha das Schloss Friedenstein – ein gut erhaltenes Baudenkmal des Frühbarock.

GÜ

GÜSTROW
Kreis: Rostock
Bundesland:
Mecklenburg-Vorpommern

Ernst Barlach (1870–1938) war Zeichner, Bildhauer und Schriftsteller und zählt zu den berühmtesten deutschen Künstlern des Expressionismus. Bis heute berühren die Figuren dieses Künstlers, gerade weil sie sehr still und in sich gekehrt wirken. Ab 1911 arbeitet Barlach in einem ausgebauten Pferdestall in Güstrow. Dort im Dom hängt »Der Schwebende«, eine der bekanntesten Figuren Barlachs.

GUN

GUNZENHAUSEN
Kreis: Weißenburg-Gunzenhausen
Bundesland: **Bayern**

Der 1849 geborene Heinrich Eidam war Mediziner, seine große Leidenschaft galt aber der Archäologie und der Erforschung des Limes. Auf Dr. Eidam geht das archäologische Museum in Gunzenhausen zurück. Dokumentiert ist die Geschichte rund um Gunzenhausen von der Jungsteinzeit bis zum frühen Mittelalter. Gunzenhausen ist übrigens die einzige Stadt, durch die der Limes direkt führte, was man an einigen Orten noch sehen kann.

GUB

GUBEN
Kreis: Spree-Neiße
Bundesland: **Brandenburg**

Durch die Stadt Guben verläuft seit dem Ende des Zweiten Weltkriegs die Grenze zwischen Polen und Deutschland. Auf der polnischen Seite heißt die Stadt Gubin. Das ehemalige historische Zentrum liegt auf der polnischen Seite. Durch die Grenze hat sich eine Stadtstruktur mit zwei Zentren entwickelt, was ungewöhnlich ist. Heute versucht man länderübergreifend die Stadtentwicklung von Guben/Gubin voranzutreiben.

GV

GREVENBROICH
Kreis: Rhein-Kreis Neuss
Bundesland: **Nordrhein-Westfalen**

Grevenbroich ist die »Bundeshauptstadt der Energie«. Die Stadt liegt an den größten Braunkohlelagerstätten Europas. Die Braunkohle wird in einem Kraftwerk im Süden der Stadt in Strom umgewandelt. Gemessen an der elektrischen Bruttoleistung ist das Kraftwerk das größte Deutschlands.

GVM

GREVESMÜHLEN
Kreis: Nordwestmecklenburg
Bundesland:
Mecklenburg-Vorpommern

In Grevesmühlen gibt es ein Piraten-Open-Air-Theater: Zur Bühne gehört sogar ein kleiner See, auf dem die Piratenschiffe vor Anker liegen. Jahr für Jahr wird ein neues Abenteuer von Capt'n Flint und seiner Crew inszeniert.

GZ

GÜNZBURG
Kreis: Günzburg
Bundesland: **Bayern**

Im LEGOLAND® kann man die Welt gebaut aus den kleinen bunten Steinen erleben: den Münchner Airport, die Allianz Arena und Venedig, um nur eine kleine Auswahl zu nennen. Natürlich gibt es auch Piraten und eine Unterwasserwelt. Ein Höhepunkt jagt dort den anderen.

GW

GREIFSWALD
Kreis: Vorpommern-Greifswald
Bundesland:
Mecklenburg-Vorpommern

Besichtigt man die Universität Greifswald, dann kann man dort auch immer noch einen Karzer sehen. Bis 1914 wurden Studenten, die kleinere Vergehen begangen hatten, in den Karzer eingesperrt. Die Studenten saßen dort nicht untätig herum, sondern bemalten Wände, Decke, Türen und Tische. Da sie Besuch empfangen durften, war es nicht schwierig, ausreichend Farbe in den Karzer zu schmuggeln.

H

HANNOVER
Kreis: Hannover
Bundesland: **Niedersachsen**

Hannover ist ein wichtiger Messestandort. Die weltweit wichtigste Messe der digitalen Industrie, die CeBit, findet dort statt. 4200 Firmen nehmen daran teil und präsentieren dort ca. 6000 Innovationen. Insgesamt umfasst die Ausstellungsfläche 172 000 Quadratmeter.

HA

HAGEN
Stadt Hagen
Bundesland:
Nordrhein-Westfalen

In Hagen ist die einzige öffentlich-rechtliche Fernuniversität Deutschlands angesiedelt. An dieser Universität kann man studieren, sozusagen ohne seine Wohnung zu verlassen. Das Material, das man benötigt, um sich Wissen anzueignen, bekommt man nach Hause geliefert. Dort erarbeitet man sich die Themen. Am Ende eines Semesters schreibt man Prüfungen wie alle anderen Studenten auch.

HAL

HALLE
Stadt Halle
Bundesland: **Sachsen-Anhalt**

Das Stadtwappen von Halle zeigt einen Halbmond, der von zwei Sternen eingerahmt wird. Um dieses Wappen rankt sich folgende Geschichte: Der Bischof, dem das hallesche Land gehörte, gab den Salzsiedern, die Halle gründeten, folgenden Spruch mit auf den Weg: »... So baut, in Gottes Namen, mit Wasser und Holz, und es leuchten Euch Sonne, Mond und Sterne.«

HAB

HAMMELBURG
Kreis: Bad Kissingen
Bundesland: **Bayern**

In Hammelburg gibt es geheimnisvolle Figuren zu entdecken, und zwar am Hammelberg. Niemand weiß, woher die Figuren stammen und wie sie auf den Berg gekommen sind. Bei einer Führung kann man sie besichtigen. Am Marktplatz gelegen, steht das im neugotischen Stil erbaute Rathaus mit einem Marktbrunnen davor aus dem Jahr 1541.

HAM

HAMM
Stadt Hamm
Bundesland: **Nordrhein-Westfalen**

Das Wahrzeichen der Stadt Hamm ... ist ein Elefant! Die ehemalige Kohlenwäsche, ein riesiges Gebäude, wurde von dem Künstler Horst Rellecke in einen Glaselefanten umgebaut. Der Aufzug fährt durch den Rüssel des Tiers. Besuchen kann man ihn im Maximilianpark.

HAS

HASSFURT
Kreis: Haßberge
Bundesland: **Bayern**

In Haßfurt gibt es eine gotische Ritterkapelle. Ob man es glaubt oder nicht: In dieser Kapelle sind in einem Wandfries 248 Ritterwappen abgebildet. Die Ritterkapelle ist die älteste Wallfahrtskirche im Bistum Würzburg.

HBN

HILDBURGHAUSEN
Kreis: Hildburghausen
Bundesland: **Thüringen**

Was hat Hildburghausen mit dem Oktoberfest in München zu tun? Therese von Sachsen-Hildburghausen heiratete am 12. Oktober 1810 den bayerischen Kronprinzen Ludwig. Die offiziellen Hochzeitsfeierlichkeiten waren ein echtes Volksfest und dauerten fünf Tage. Nach der Braut wurde die Wiese, auf der gefeiert wurde, Theresienwiese genannt. Und bereits ab 1811 fand das Oktoberfest zusammen mit dem Landwirtschaftsfest statt.

HB

HANSESTADT BREMEN
Stadt: Bremen/Bremerhaven
Bundesland: **Bremen**

Wer kennt sie nicht, die vier Bremer Stadtmusikanten: der Esel, der Hund, die Katze und der Hahn. Die bekannteste Darstellung steht auf dem Bremer Marktplatz an der westlichen Seite des Rathauses. Streicht man dem Esel über die Nase, bringt das Glück! In Bremerhaven kann man viele interessante Museen besuchen, wie beispielsweise das Deutsche Auswandererhaus oder das Klimahaus.

HBS

HALBERSTADT
Kreis: Harz
Bundesland: **Sachsen-Anhalt**

In Halberstadt wird das langsamste Orgelkonzert der Welt aufgeführt. Begonnen wurde mit dem Stück von John Cage, das mit der Anweisung »So langsam wie möglich« versehen ist, im Jahr 2001 mit einer Pause. Im Schnitt findet im Jahr ein Klangwechsel statt. Geplant ist eine Aufführungsdauer von 639 Jahren.

HC

HAINICHEN
Kreis: Mittelsachsen
Bundesland: **Sachsen**

In Hainichen wurde Christian Fürchtegott Gellert (1715–1769) geboren. Er war der fünfte Sohn einer Pastorenfamilie und durfte studieren. Ab 1751 lehrte er Philosophie und beschäftigte sich insbesondere mit dem Thema Moral. Er war einer der meistgelesenen Schriftsteller des 18. Jahrhunderts Goethe hörte seine Vorlesungen. Seinem Leben und Werk widmet sich u. a. das Gellert-Museum.

HD

HEIDELBERG
Kreis/Stadt: Rhein-Neckar-Kreis/ Heidelberg
Bundesland: **Baden-Württemberg**

DAS Formel-1-Rennen in Deutschland, der Große Preis von Deutschland, wird auf dem Hockenheimring ausgetragen. Sitzt man auf einer der Haupttribünen, dann kann man die Boliden mit bis zu 300 km/h vorbeirasen sehen. Ein lautes Erlebnis!
In Heidelberg selbst gibt es ein Schloss, das weit über die Grenzen Deutschlands hinaus bekannt ist.

HCH

HECHINGEN
Kreis: Zollernalbkreis
Bundesland: **Baden-Württemberg**

Die Burg Hohenzollern ist der Stammsitz des preußischen Königshauses und der Fürsten von Hohenzollern. Die ursprüngliche Burg ist wahrscheinlich bereits in der ersten Hälfte des 11. Jahrhunderts erbaut worden. Ihr heutiges, neugotisches Erscheinungsbild bekam sie ab 1850. Friedrich Wilhelm von Preußen war es, der die Burg neu auferstehen ließ.

HDH

HEIDENHEIM
Kreis: Heidenheim
Bundesland: **Baden-Württemberg**

Das Naturtheater Heidenheim ist eine große Freilichtbühne, auf der neben »ernster« Kunst auch Stücke für Kinder gespielt werden. Ein anderes Naturschauspiel findet sich im Steinheimer Becken: Dort kann man einen Meteoritenkrater sehen, der vor mehr als 14 Millionen Jahren entstand.

HDL

HALDENSLEBEN
Kreis: Börde
Bundesland: **Sachsen-Anhalt**

Das wunderschöne Barockschloss Hundisburg liegt in Haldensleben. Es ist umgeben von einem Garten, der Mitte des 18. Jahrhunderts weit über die Grenzen Sachsen-Anhalts berühmt war. Dann verfiel er und wurde als Fußballplatz und Obstplantage zweckentfremdet. Seit 1991 wird die Anlage rekonstruiert und kann besichtigt werden.

HEB

HERSBRUCK
Kreis: Nürnberger Land
Bundesland: **Bayern**

Die Stadt Hersbruck entstand, weil ein bayerischer Herzog eine Brücke über die Pegnitz errichten ließ. Bereits im 8. und 9. Jahrhundert führte an der Stelle ein wichtiger Handelsweg zwischen Regensburg und Forchheim durch eine Furt. Um das Jahr 1000 herum wurde die Brücke gebaut, den Zoll sammelte ein Mann namens Haderich ein: »Haderihesprucga«, Haderichsbrücke, nannte man den Ort, der allmählich zu Hersbruck wurde.

HE

HELMSTEDT
Kreis: Helmstedt
Bundesland:
Niedersachsen

Das Freilicht- und Erlebnismuseum Ostfalen bietet die Möglichkeit, entlang von Wanderwegen die Natur- und Kulturgeschichte der Region kennenzulernen. An Erlebnispunkten kann man sich dann mithilfe von Broschüren darüber informieren, was in Geologie, Archäologie, Botanik oder Geschichte an dem jeweiligen Ort so besonders ist.

HEF

BAD HERSFELD
Kreis: Hersfeld-Rotenburg
Bundesland: **Hessen**

In Bad Hersfeld hängt im Katharinenturm der Stiftsruine die älteste datierte Glocke Deutschlands, die aus dem Jahr 1038 stammt. Sie heißt Lullus-Glocke und wurde nach dem heiligen Lul, lateinisch Lullus, benannt. Er war ab 752 Erzbischof von Mainz, stammte aber ursprünglich aus Wessex in England.

HEI

HEIDE
Kreis: Dithmarschen
Bundesland:
Schleswig-Holstein

In Friedrichskoog gibt es eine Seehundstation. Dort werden Heuler, kleine Seehunde, aufgezogen und auf die Auswilderung vorbereitet. Forschung über die Meeressäuger bildet einen weiteren Schwerpunkt. Besucher können Seehunde und Kegelrobben in großen Becken beobachten und werden über Themen wie Lebensraum, Artenschutz und Gefährdung der Tiere aufgeklärt.

HET

HETTSTEDT
Kreis: Mansfeld-Südharz
Bundesland: **Sachsen-Anhalt**

Im Jahr 1017 wurden in Hettstedt die Walbecker Klosterteiche angelegt. Sie wurden ausgehoben, um Fische darin zu halten. Der größte misst 1,5 Hektar, der kleinste 0,5 Hektar. Seit über 1000 Jahren existieren diese Teiche nun und wurden immer gleich genutzt.

HER

HERNE
Stadt Herne
Bundesland: **Nordrhein-Westfalen**

Im Gysenbergpark gibt es den Familienpark »Start und Ziel«. Das ist ein Platz, an dem man spielen und toben kann. Egal ob Riesenwellenrutsche, Trampolin oder Minigolf, jeder kommt dort auf seine Kosten und alle haben Spaß.

HF

HERFORD
Kreis: Herford
Bundesland: **Nordrhein-Westfalen**

Frank Gehry ist ein Architekt, der auf der ganzen Welt bekannt ist. Er hat in Herford das Museum MARTa gebaut. Das Gebäude sieht selbst aus wie eine riesige Skulptur, die in die Landschaft gestellt wurde.

HG

BAD HOMBURG
Kreis: Hochtaunuskreis
Bundesland: **Hessen**

Es gibt einen Hut beziehungsweise eine Hutform, die nach Homburg benannt ist: der sogenannte Homburger. Berühmt geworden ist der Hut durch Konrad Adenauer, den ersten deutschen Bundeskanzler, der diese Hutform trug. Der Hut hat eine hochgebogene, eingefasste Krempe und ein breites Hutband mit großer Schleife, dadurch wirkt er sehr elegant. Im Hutmuseum im Gotischen Haus in Bad Homburg kann man nicht nur den Homburg-Hut bestaunen, sondern auch noch 300 andere Kopfbedeckungen.

Im Greifswalder Museumshafen liegen 40 Schiffe. Auf dem ehemaligen Dampfeisbrecher »Pomeria« kann man es sich in der Gaststätte »Hornfischbar« gemütlich machen. Noch besser ist es aber, man bestaunt die Fischkutter, Zeesboote, Frachter, Schlepper und die Ketschs, Schoner oder Yawls, die restauriert wurden und im Hafen ein neues Domizil bekommen haben.

HGW

HANSESTADT GREIFSWALD
Stadt: Greifswald
Bundesland:
Mecklenburg-Vorpommern

HGN

HAGENOW
Kreis: Ludwigslust-Parchim
Bundesland:
Mecklenburg-Vorpommern

Die Stadt Hagenow wurde dreimal von verheerenden Bränden heimgesucht: 1538, 1748 und 1766. Deshalb stammen die meisten Gebäude in der Stadt aus der Zeit nach 1766. Die Hagenower Stadtkirche wurde beispielsweise in den Jahren 1875 bis 1879 errichtet und ist ein gutes Beispiel für den neugotischen Stil.

In Hamburg gibt es im »Miniatur Wunderland« die größte Modelleisenbahn der Welt. Über 15 400 Meter Zuggleise sind dort mittlerweile verlegt, auf einer Fläche von 1490 Quadratmetern. Stetig wird am Wunderland in der Speicherstadt weitergewerkelt, sodass ein Besuch immer wieder lohnt.

HH

HANSESTADT HAMBURG
Stadt Hamburg
Bundesland: **Hamburg**

HHM

HOHENMÖLSEN
Kreis: Burgenlandkreis
Bundesland: **Sachsen-Anhalt**

Um 1080 hat bei Hohenmölsen eine Schlacht stattgefunden, aus der Rudolf von Rheinfelden als Sieger gegen Heinrich IV. hervorging. Rudolf zog sich mehrere schwere Verletzungen zu. Unter anderem wurde ihm die Schwurhand, seine rechte Hand, während eines Gemetzels abgeschlagen. Im Merseburger Dom ist diese Hand in einer Vitrine ausgestellt.

HIG

HEILIGENSTADT
Kreis: Eichsfeld
Bundesland: **Thüringen**

Als Heiligenstadt einmal von einem feindlichen Heer angegriffen wurde, fehlte bei einem der Stadttore der hölzerne Riegel, um es zu verschließen. Ein Wächter verriegelte es mit einer großen Möhre. Wie durch ein Wunder hielt sie dem Angriff stand, bis sie von einer hungrigen Ziege aufgefressen wurde und der Feind in die Stadt eindringen konnte. Das brachte den Bürgern den Spitznamen »Heiligenstädter Möhrenkönige«. Deshalb wird nun jedes Jahr das »Heiligenstädter Möhrenkönigsfest« gefeiert.

HI

HILDESHEIM
Kreis: Hildesheim
Bundesland: **Niedersachsen**

Wer an Weihnachten an das Christkind oder den Weihnachtsmann schreiben möchte, der schreibt an das Postamt Himmelsthür. Die Postleitzahl lautet 31137 Hildesheim. Und mit ganz großer Sicherheit kommt ein Brief zurück …

HIP

HILPOLTSTEIN
Kreis: Roth
Bundesland: **Bayern**

Die Burgruine über Hilpoltstein, die ihre Blütezeit im 13. und 14. Jahrhundert hatte, wurde in den letzten Jahren saniert. Nun kann man sie wieder über ihren mittelalterlichen Zugang betreten: Durch den Felsen hindurch über einen schmalen Gang und eine steile Treppe gelangt man mitten in den Burghof hinein.

HK

HEIDEKREIS
Kreis: Heidekreis
Bundesland: **Niedersachsen**

Im Weltvogelpark in Walsrode kann man über 4000 Vögel bestaunen, die 650 Arten angehören. Erdracken oder Vangas, wer hat die schon einmal gesehen? Gerade bei den Schaufütterungen lassen sich die Tiere gut beobachten. Ob bunt oder unscheinbar, die Vögel bringen die Besucher immer wieder zum Schmunzeln oder lassen sie verwundert den Kopf schütteln.

HM

HAMELN
Kreis: Hameln-Pyrmont
Bundesland: **Niedersachsen**

Jedes Kind kennt die Geschichte vom Rattenfänger von Hameln: Er verspricht der Bevölkerung, die Stadt von Ratten und Mäusen zu befreien, und mithilfe seines Pfeifchens gelingt es ihm. Als ihn die Bürger nicht bezahlen, führt er ihre Kinder aus der Stadt und nur ein blindes und ein stummes kehren zurück. So erfährt niemand, wo die 130 anderen verschwunden sind.

HL

HANSESTADT LÜBECK
Stadt Lübeck
Bundesland: **Schleswig-Holstein**

In Lübeck wuchs einer der berühmtesten deutschen Schriftsteller auf: Thomas Mann. Seine Heimatstadt hat er in dem Roman »Buddenbrooks« festgehalten. Ein großer Teil der Handlung spielt im sogenannten Buddenbrook-Haus, das man bis heute besichtigen kann und das wie ein »begehbarer« Roman gestaltet ist. Weltberühmt ist das Lübecker Marzipan.

HMÜ

HANN. MÜNDEN
Kreis: Göttingen
Bundesland: **Niedersachsen**

Das Rathaus von Hann. Münden ist ein ganz besonderer Bau der Weserrenaissance mit einem prunkvollen Portal. Am Rathaus gibt es ein Glockenspiel, das um 12, 15 und 17 Uhr das Spottlied auf Dr. Eisenbart erklingen lässt, einen berühmten Arzt aus der Barockzeit: »Ich bin der Doktor Eisenbart, kurier die Leut auf meine Art. Kann machen, dass die Blinden gehn und die Lahmen wieder sehn.«

HN

HEILBRONN
Kreis/Stadt: Heilbronn
Bundesland: **Baden-Württemberg**

Heinrich von Kleist verlegte eines seiner berühmtesten Theaterstücke nach Heilbronn: »Das Käthchen von Heilbronn«. Das Stück erzählt von der großen Liebe des Käthchens zu dem Ritter Wetter vom Strahl. Warum Kleist das Stück nach Heilbronn verlegt hat, ist unbekannt.

HOG

HOFGEISMAR
Kreis: Kassel
Bundesland: **Hessen**

Schon 1445 verfällt das ab 1334 erbaute Schloss Sababurg, das tief im Reinhardswald steht, zur Ruine. Ab 1490 wird an gleicher Stelle ein prächtiges Jagdschloss errichtet, in dem über 300 Jahre große Feste stattfanden. Doch auch dieses Gebäude verlor an Bedeutung und wurde von Efeu überwuchert. Aus dieser Zeit stammt sein Beiname »Dornröschenschloss«.

HO

HOF
Kreis/Stadt: Hof
Bundesland: **Bayern**

Hinter dem Fernwehpark steht eine einfache Idee: Jeder Besucher kann sich an den errichteten Stelen mit einem Ortsschild verewigen. Das kann das Schild von einem Platz sein, den derjenige besucht hat, von dem Ort, an dem er aufgewachsen ist, oder es ist einer der Plätze, von dem man träumt. Die »Schilder aus aller Welt« setzen auch ein Zeichen für die Völkerverständigung.

HOH

HOFHEIM
Kreis: Haßberge
Bundesland: **Bayern**

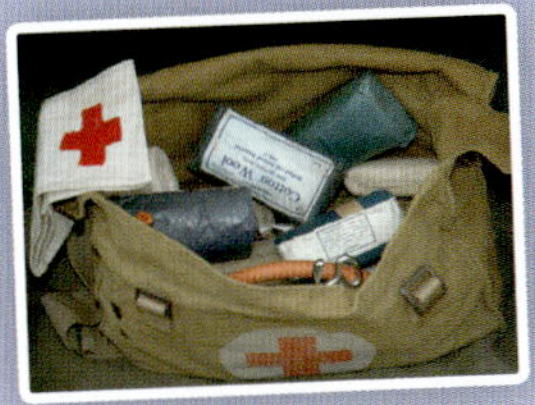

In Hofheim gibt es ein Rotkreuzmuseum. Gezeigt wird, wie sich das Rote Kreuz entwickelt hat. Zu sehen sind sogar Originaldokumente aus der Gründungszeit von 1864, das Jahr, in dem die erste Genfer Konvention unterzeichnet wurde. Außerdem gibt es ein Krankenzimmer um 1900 sowie eine Apotheke aus dem Jahr 1903.

HOL

HOLZMINDEN
Kreis: Holzminden
Bundesland: **Niedersachsen**

Holzminden ist das Zentrum der deutschen Riech- und Geschmacksstoffindustrie. Deshalb bietet es sich an, einen duftenden Rundgang durch die Innenstadt anzutreten. An 15 Duftstellen kann man von Anis über Apfel bis hin zu Zitrusfrüchten seiner Nase leckere Düfte vorsetzen.

HOR

HORB
Kreis: Freudenstadt
Bundesland: **Baden-Württemberg**

Eisenbahnfreunde kommen in Horb auf ihre Kosten: Die Eisenbahnerlebniswelt zeigt in einer großen Halle 40 historische Schienenfahrzeuge, die zum Teil sogar noch betriebsfähig sind. Wer selbst auf Schienen unterwegs sein möchte, kann eine Draisine ausprobieren. Wenn man müde wird, lässt man sich von der Gartenbahn durchs Gelände fahren, betrachtet die Modelleisenbahn oder informiert sich in der Signalsammlung über die Geschichte der Sicherungstechnik.

HOM

HOMBURG
Kreis: Saarpfalz-Kreis
Bundesland: **Saarland**

Die größten Buntsandsteinhöhlen Europas liegen unter der Ruine Hohenberg, die auf dem Schlossberg steht. Die Schlossberghöhlen, die sich über 12 Stockwerke erstrecken, wurden von Menschenhand geschaffen, müssten also richtiger als Bergwerksstollen bezeichnet werden. Entstanden ist der Buntsandstein in seiner charakteristischen Färbung vor ungefähr 250 Millionen Jahren.

HÖS

HÖCHSTADT A. D. AISCH
Kreis: Erlangen-Höchstadt
Bundesland: **Bayern**

Das Spixmuseum, das im Geburtshaus des Brasilienforschers Dr. Johann Baptist von Spix (1781–1826) untergebracht ist, zeichnet dessen Lebensweg nach. 1781 wurde er in Höchstadt geboren und 1811 Konservator der Zoologischen Staatssammlung in München. Von 1817 bis 1820 bereiste er Brasilien und brachte zahlreiche Pflanzen, Insekten, Vögel, Amphibien, Fische und Säugetiere von dort mit.

HOT

HOHENSTEIN-ERNSTTHAL
Kreis: Zwickau
Bundesland: **Sachsen**

Karl May, der Schöpfer von Winnetou und Old Shatterhand, wurde am 25. Februar 1842 in Ernstthal geboren. Er stammte aus einer Weberfamilie, die ärmlich lebte. Sein Geburtshaus, in dem nun ein Karl-May-Museum eingerichtet ist, war nur 4,25 Meter breit. Das Museum informiert ausführlich über Mays Leben, aber auch über den Alltag einer Weberfamilie zur damaligen Zeit.

Der Wildpark Knüll ist so angelegt, dass man Wildtieren in größtmöglicher Freiheit begegnen kann. Verschiedene Wildarten, Rot, Dam-, Sika- und Muffelwild, bewegen sich frei durch den Park und können beobachtet werden. Der Park beherbergt aber auch Waschbären, Luchse, Füchse, Wölfe und Bären.

HR

HOMBERG
Kreis: Schwalm-Eder-Kreis
Bundesland: **Hessen**

HP

HEPPENHEIM
Kreis: Bergstraße
Bundesland: **Hessen**

Wird es dunkel in Heppenheim, dann passieren seltsame Dinge. Denn sobald die Straßenlaternen angeschaltet werden, kann man auf dem Laternenweg 130 Scherenschnitte sehen, die allesamt Motive aus Hessens Sagenwelt zeigen. Da begegnet man Riesen, Zwergen, Werwölfen, Rittern und lange verschwundenen Schätzen.

Das Marine Science Center der Universität Rostock bietet die einmalige Gelegenheit, mit Seehunden zu schwimmen und zu tauchen. Wichtig ist es, sich rechtzeitig anzumelden, denn unbegleitet darf man das nicht. Das »DiveCenter Rostock« unterstützt die Wagemutigen.

HRO

HANSESTADT ROSTOCK
Stadt Rostock
Bundesland:
Mecklenburg-Vorpommern

HS

HEINSBERG
Kreis: Heinsberg
Bundesland: **Nordrhein-Westfalen**

Bei Heinsberg gibt es Motten, aber fliegen können sie nicht. Als Motten bezeichnet man einen bestimmten Burgentyp aus dem frühen Mittelalter. Um sie zu errichten, schüttete man kleine Hügel auf, umgab sie mit einem Wassergraben und errichtete auf dem Plateau Wehr- und Wohnbauten aus Holz oder Stein. Ca. 40 dieser Erdhügel existieren immer noch.

HST

(auslaufend)
HANSESTADT STRALSUND
Stadt Stralsund
Bundesland: **Mecklenburg-Vorpommern**

Im Katharinenkloster der Stadt residiert das Deutsche Meeresmuseum. Es beherbergt riesige Aquarien, von denen das größte 2,6 Millionen Liter Wasser fasst. In den verschiedenen Aquarien können Makrelenschwärme, Ammenhaie und Rochen beobachtet werden, genauso wie beeindruckende Wasserschildkröten. 1825 strandete ein Wal vor Rügen, auch sein Skelett mit einer Länge von 16 Metern ist zu besichtigen.

HSK

HOCHSAUERLANDKREIS
Kreis: Hochsauerlandkreis
Bundesland: **Nordrhein-Westfalen**

In Olsberg-Gevelinghausen gibt es ein privates Museum mit afrikanischer Kunst. Seit 1886 hat die Familie des heutigen Museumsinhabers Kontakte nach Afrika. Gesammelt wurden hauptsächlich Skulpturen. Sie symbolisieren die Verbindung der Menschen mit göttlichen Mächten: z. B. mit den Geistern der Ahnen oder denjenigen Geistern, die mit den Kräften der Natur in Verbindung stehen.

HU

HANAU
Stadt Hanau
Bundesland: **Hessen**

Die Stadt Hanau bietet ihren Besuchern etwas ganz Besonderes: Geocaching, sozusagen eine Schnitzeljagd mit einem GPS-Gerät. Die »Jagd« führt zu allen wichtigen Sehenswürdigkeiten in der Stadt und zu sogenannten Caches, also Behältern mit einem Logbuch, in das man sich einträgt und die Koordinaten für das nächste Ziel findet. Auf zur Schatzsuche, und wer sich mit GPS nicht so gut auskennt, bekommt Hilfe …

HV

HAVELBERG
Kreis: Stendal
Bundesland: **Sachsen-Anhalt**

Der Dom St. Marien beherrscht die Havelberger Stadtinsel und ist schon von Weitem sichtbar: Sein Turm misst 47,5 Meter, das gesamte Bauwerk ist 72,5 Meter lang, das Schiff 22 Meter hoch und 22,5 Meter breit. 1170 wurde er vom Magdeburger Bischof geweiht. Aus dem Jahr 1777 stammt die Orgel, die bis heute bei Konzerten und in Gottesdiensten gespielt wird.

HWI

HANSESTADT WISMAR
Stadt Wismar
Bundesland:
Mecklenburg-Vorpommern

Klaus Störtebeker, der berühmteste Seeräuber der Ostsee, lebte wohl in Wismar. An seinem angeblichen Geburtshaus kann man ein Relief bewundern, auf dem er zu sehen ist. Woher der Name Störtebeker kommt, ist nicht ganz klar, eine Theorie lautet, dass es von »Stürz den Becher« kommt. Angeblich konnte Klaus einen Vier-Liter-Humpen in einem Zug leeren.

HVL

HAVELLAND
Kreis: Havelland
Bundesland: **Brandenburg**

Das Havelland wartet mit einer sehr wasser- und waldreichen Landschaft auf – den Namen hat das Gebiet von dem Fluss Havel bekommen. Viele neuzeitliche Errungenschaften haben ihren Ursprung im Havelland: Die Brille wurde industriell erstmals in Rathenow gefertigt. Otto Lilienthal probierte seine Fluggeräte ebenfalls dort aus.

HX

HÖXTER
Kreis: Höxter
Bundesland: **Nordrhein-Westfalen**

Höxter liegt direkt an der Weser, der auch die Dampferflotte ihren Namen verdankt: Flotte Weser. Mit den Schiffen kann man Rundfahrten, aber auch Ganztagesausflüge machen. Dabei wird Sehenswertes in der Umgebung von Höxter erkundet. Man erlebt das Weserbergland aus einer neuen Perspektive, betrachtet man es vom Schiff aus.

HY

HOYERSWERDA
Kreis: Bautzen
Bundesland: **Sachsen**

Mitten auf dem Marktplatz von Hoyerswerda ist eine Seltenheit zu bestaunen: eine Postmeilensäule. August der Starke ließ in ganz Sachsen derartige Säulen errichten. Sie zeigten nach amtlicher Vermessung die Entfernung bis zum Zielort der Postverbindung an. So konnten die Gebühren für die Postzustellung einheitlich berechnet werden. Gleichzeitig waren die Säulen die Haltestellen der Postkutschen.

IGB

ST. INGBERT
Stadt St. Ingbert
Bundesland: **Saarland**

Der Rischbachstollen gehört zu den ehemaligen Steinkohlegruben St. Ingberts. Ausgerüstet mit Helm, Fahrjacke, Kopflampe, Batteriegürtel und Arschleder, kann man in den Stollen einfahren und sich selbst als Bergmann betätigen. Am eigenen Leib erfährt man, wie anstrengend die Arbeit als Kumpel wirklich war.

HZ

HARZ
Kreis: Harz
Bundesland: **Sachsen-Anhalt**

Auf einem 450 Meter hohen Felsen, der sich aus dem Bodetal erhebt, liegt der sogenannte Hexentanzplatz, der neben dem Brocken als einer der Versammlungsorte für Hexen gilt. Nicht nur in der Walpurgisnacht, der Nacht vom 1. Mai, herrscht hier reges Treiben. Zu sehen gibt es dort neben dem Versammlungsplatz der Hexen auch einen altgermanischen Opferstein.

IK

ILM-KREIS
Kreis: Ilm-Kreis
Bundesland: **Thüringen**

In Geraberg gibt es das deutsche Thermometermuseum. Ein Fieberthermometer kennt wahrscheinlich jeder, doch wie es genau funktioniert, weiß kaum jemand. Hin und wieder kann man im Museum auch einem Thermometerbläser über die Schulter schauen und beobachten, wie das Messinstrument entsteht.

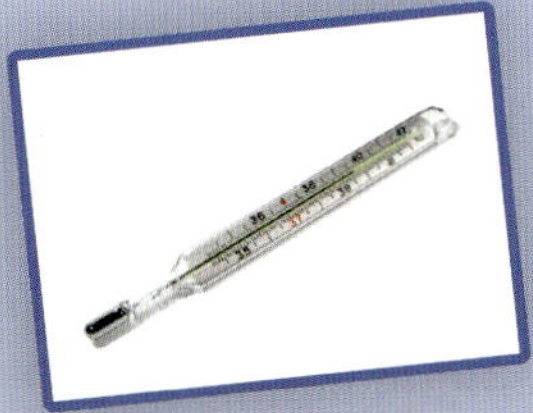

D IL

ILMENAU
Kreis: Ilm-Kreis
Bundesland: **Thüringen**

In Ilmenau hat der Bobsport eine lange Tradition. 1908 fand das erste Rennen dort statt. Mehrere Olympiasieger haben ihre Bobkarriere in Ilmenau begonnen. In der Schlittenscheune stehen über 100 historische Bobs und Schlitten, die die Entwicklung des Sportgeräts zeigen. Schlitten wurden übrigens bereits vor dem Rad erfunden, ca. 10 000 Jahre v. Chr.

D ILL

ILLERTISSEN
Kreis: Neu-Ulm
Bundesland: **Bayern**

In der Pfarrkirche St. Martin in Illertissen gibt es ein Carillon. Das ist ein Glockenspiel, das von einem Spieltisch aus mechanisch gespielt wird. Die 49 Glocken sind fest aufgehängt, sie schwingen also nicht. Sie hallen nur kurz nach und sind extrem genau gestimmt. Die größte Glocke wiegt 293 kg und die kleinste nur 5 kg.

D IN

(auslaufend)
INGOLSTADT
Stadt Ingolstadt
Bundesland: **Bayern**

In Ingolstadt wurde ein Schmuckstück von unschätzbarem Wert gefunden. Nicht aus Diamanten wurde es gefertigt, sondern aus Bernstein, und das vor 3000 Jahren. Das Collier besteht aus fast 3000 Perlen. Es belegt, dass Ingolstadt damals schon ein Verkehrsknotenpunkt war. Der Bernstein kam aus dem Norden und hatte eine lange Reise hinter sich.

D IZ

ITZEHOE
Kreis: Steinburg
Bundesland: **Schleswig-Holstein**

Im Kreis Steinburg gibt es ein paar Wasserreviere, die zum Paddeln einladen. Besonders gut ist man auf der Bekau, Stör oder in der Wilster Au mit dem Boot unterwegs. Bei diesen Touren kann man Wasservögel beobachten. Ganz großgeschrieben wird der Naturschutz in dieser unberührten Auenlandschaft. Den gilt es unbedingt zu beachten.

D J

(auslaufend)

JENA

Stadt Jena

Bundesland: **Thüringen**

In Jena hat die Herstellung von optischen Geräten Tradition. Im Zeiss-Planetarium, dem dienstältesten Planetarium der Welt, kann man den Sternenhimmel erkunden. 1926 wurde es eröffnet. Die Idee dafür hatte Oskar von Miller, der es eigentlich im Deutschen Museum in München realisieren wollte.

Auf dem Gebiet der Stadt Dömitz gibt es eine sogenannte Wanderdüne. Sie entstand vor 12 000 Jahren, also am Ende der letzten Eiszeit. Der Wind hat den Sand, der aus den Schmelzwässern der Gletscher abgelagert wurde, zusammengeblasen und zu einer Düne aufgeschichtet. Immer wieder verlagerte sie sich unter Windeinfluss, heute bewegt sie sich aber fast nicht mehr.

D JL

JERICHOWER LAND

Kreis: Jerichower Land

Bundesland: **Sachsen-Anhalt**

D JE

JESSEN

Kreis: Wittenberg

Bundesland: **Sachsen-Anhalt**

Nördlich der Stadt Jessen gibt es ein großes Waldgebiet, das als Glücksburger Heide bezeichnet wird: Dort kann man an großen und kleinen Gewässern Elbe-Biber beobachten. Sie waren schon fast ausgerottet, weil sie im 19. Jahrhundert als Fastenspeise sehr beliebt waren. Der Biber galt als Fisch. Sein Fell wurde zu Mänteln und Stiefeln verarbeitet.

Ein italienischer Baumeister aus Bologna, Alessandro Pasqualini, hat Jülich als Idealstadt entworfen, nachdem die Stadt durch einen Brand 1547 weitgehend zerstört worden war. Er legte einen fünfeckigen Grundriss an, der es erlaubte, rebellierende Bürger oder aber eindringende Feinde schnell zu kontrollieren. Beim Wiederaufbau Jülichs nach dem Zweiten Weltkrieg wurde dieser Entwurfsgedanke wieder aufgegriffen.

D JÜL

JÜLICH

Kreis: Düren

Bundesland: **Nordrhein-Westfalen**

D K

KÖLN
Stadt Köln
Bundesland: **Nordrhein-Westfalen**

Der Kölner Dom ist beindruckend. Er zählt zu den größten und bedeutendsten Kathedralen auf der Welt. Spannend ist es, seinen Südturm zu besteigen. Man klettert über eine schmale Wendeltreppe bis auf eine Höhe von 97 Metern und kann dann die grandiose Aussicht über die Stadt genießen.

Korbach ist die einzige Hansestadt in Hessen. Warum gibt es eine Hansestadt in Hessen? Korbach lag an der Kreuzung zweier wichtiger Handelsstraßen von Frankfurt nach Bremen und von Köln nach Leipzig, sodass Korbach bereits 1188 das Stadtrecht erhielt. Ungefähr seit dem 15. Jh. ist Korbach Mitglied der Hanse, denn zu diesem Zeitpunkt wurden auch die Fernhandelsbeziehungen ausgeweitet. Korbach war eine der am weitesten südlich gelegenen Hansestädte.

D KB

KORBACH
Kreis: Waldeck-Frankenberg
Bundesland: **Hessen**

D KA

KARLSRUHE
Kreis/Stadt: Karlsruhe
Bundesland: **Baden-Württemberg**

In Karlsruhe sind die drei höchsten deutschen rechtsprechenden Institutionen angesiedelt: das Bundesverfassungsgericht, der Bundesgerichtshof und die Generalbundesanwaltschaft. »Karlsruher Urteil« bedeutet also, dass es sich um ein Urteil handelt, das von diesem höchsten richterlichen Gremium gefällt wurde.

Eine Festung »beherrscht« die Stadt Kronach, die Festung Rosenberg. Die Festung umfasst eine Fläche von 24 ha und ist damit die größte Befestigungsanlage in Deutschland. Sie war so gut geplant, dass sie nie von Belagerern eingenommen wurde. Im »Dicken Turm« sind die Mauern 4 Meter stark.

D KC

KRONACH
Kreis: Kronach
Bundesland: **Bayern**

KE

(auslaufend)
KEMPTEN
Stadt Kempten
Bundesland: **Bayern**

Im 1. Jahrhundert war Kempten die Römerstadt Cambodunum. Sie war der zivile Verwaltungssitz der Provinz Rätien. Im archäologischen Park kann man in den kleinen Thermen in die Badekultur eintauchen oder im Gallorömischen Tempelbezirk die Vielfalt der Religionen erleben: 13 verschiedene Kultbauten gibt es. Kempten ist die deutsche Stadt mit der ältesten schriftlichen Erwähnung: Bereits 18 v. Chr. geschah das.

KEL

KEHL
Kreis: Ortenaukreis
Bundesland: **Baden-Württemberg**

Das Städtchen Kehl hat 35 000 Einwohner, liegt direkt am Rhein und ist die Nachbarstadt der Europa-Metropole Straßburg. Lange war der Rhein Grenzfluss. Heute trennt er nicht mehr. Verbunden sind die beiden Städte durch die Europabrücke. Diesseits und jenseits des Stroms gibt es den »Garten der zwei Ufer«. Die beiden Teile des Gartens verbindet eine futuristische Fußgänger- und Radfahrerbrücke, die »Passerelle des Deux Rives«.

KEH

KELHEIM
Kreis: Kelheim
Bundesland: **Bayern**

Die Befreiungshalle in Kelheim ließ Ludwig I. bauen als Erinnerung an die siegreichen Schlachten gegen Napoleon in den Befreiungskriegen 1813 bis 1815. Insgesamt 34 Siegesgöttinnen stehen im Innenraum in einem großen Kreis und reichen sich die Hände. Gefertigt wurden sie aus weißem Carrara-Marmor.

KEM

KEMNATH
Kreise: Bayreuth, Tirschenreuth
Bundesland: **Bayern**

In der Region um die Stadt Kemnath herum gibt es zahlreiche Teiche. Die Karpfenzucht hat eine lange Geschichte und der Karpfen wurde zu einer Symbolfigur für die Gegend. Daher wundert es auch nicht, dass es in Kemnath einen »Phantastischen Karpfenweg« gibt, auf dem man verschiedene Fischskulpturen bewundern kann.

D **KF**

(auslaufend)

KAUFBEUREN

Stadt Kaufbeuren

Bundesland: **Bayern**

Kaufbeuren war früher eine befestigte Stadt. Heute zeugen der Fünfknopfturm und die alte Stadtmauer noch davon. Fragt man in der Touristeninformation nach einem Schlüssel für die Stadtbefestigung, darf man sie auf eigene Faust erkunden, den Turm kann man allerdings nicht besteigen.

D **KH**

BAD KREUZNACH

Kreis: Bad Kreuznach

Bundesland: **Rheinland-Pfalz**

Im Rittergut Bangert ist das PuK beheimatet, das »Museum für PuppentheaterKultur«. Dort trifft man Käpt'n Blaubär und Hein Blöd und Berühmtheiten wie Robbi, Tobbi und das Fliewatüüt. Es wird gezeigt, wie Theatergeräusche entstehen oder wie man überhaupt so eine Puppe baut. Hautnah kann hier der Puppenspieleralltag erlebt werden.

D **KG**

BAD KISSINGEN

Kreis: Bad Kissingen

Bundesland: **Bayern**

Es gibt sie noch, die Postkutsche. Die letzte Linie der Deutschen Post, die noch fährt, bringt den Reisenden von Bad Kissingen über Schloss Aschach nach Bad Bocklet. Begleitet wird die gemächliche Fahrt von den Tönen des Postillions.

D **KI**

KIEL

Stadt Kiel

Bundesland: **Schleswig-Holstein**

Einmal im Jahr findet in Kiel die Kieler Woche statt: ein Großereignis für Segler. Während dieser Woche werden diverse Segelregatten ausgetragen. Einer der Höhepunkte ist die Windjammerparade, an der meist über 100 Schiffe teilnehmen. Zu sehen gibt es weltbekannte historische Großsegler, wie die »Alexander von Humboldt« oder den Topsegelschoner »Thor Heyerdahl«, umrahmt von kleinen Begleitbooten.

KIB

KIRCHHEIMBOLANDEN
Kreis: Donnersbergkreis
Bundesland:
Rheinland-Pfalz

In der Paulskirche in Kirchheimbolanden steht die sogenannte Mozartorgel. Mozart war im Januar 1778 eine Woche dort und spielte auf der Orgel. Sie stammt aus dem Hunsrücker Orgelbauerbetrieb Stumm und wird heute noch gespielt. Erst seit 1943 hat die Orgel den Beinamen »Mozart«. Der Name schützte sie in dem Kriegsjahr davor, dass das Metall ihrer Orgelpfeifen eingeschmolzen wurde.

KL

KAISERSLAUTERN
Kreis/Stadt: Kaiserslautern
Bundesland: **Rheinland-Pfalz**

Im Wappen der Stadt ist ein Fisch zu sehen, und das nicht ohne Grund. 1497 wurde im Lauterer Kaiserwoog ein riesiger Fisch gefangen, der 6 Meter lang und 350 Pfund schwer gewesen sein soll. Er hatte einen Ring um den Hals, der besagte, er sei am 5. Oktober 1230 von Kaiser Friedrich II. als erster Fisch dort eingesetzt worden. Ob ein Fisch so alt und so riesig werden kann?

KK

KEMPEN-KREFELD
Kreis: Viersen
Bundesland: **Nordrhein-Westfalen**

Vier Stadttore hatte Kempen früher. Nur noch eines ist davon übrig geblieben, das einen lustigen Namen trägt: Es heißt das Kuhtor. Der Name rührt daher, dass eine Viehtrift (Weg für das Vieh) dort entlangführte, wo das Tor entstand. Genau hinter diesem Stadttor lagen nämlich die saftigsten Weiden.

KLE

KLEVE
Kreis: Kleve
Bundesland: **Nordrhein-Westfalen**

Kevelaer gehört neben Altötting zu den wichtigsten Marienwallfahrtsorten in Deutschland. Das Gnadenbild, das dort verehrt wird, ist klein, nur 7,5 x 11 cm groß. Das Bild stammt von 1640 und zeigt Maria als Trösterin der Betrübten mit einem spanischen Mantel bekleidet. Beinahe eine Million Pilger kommen pro Jahr.

KLZ

KLÖTZE
Kreis: Altmarkkreis Salzwedel
Bundesland: **Sachsen-Anhalt**

Die historische »Holländer Mühle« in Klötze hatte eine wechselhafte Geschichte. Als ihr letzter Besitzer 1976 verstarb, gab es den Plan, eine in der DDR übliche Wohngebietsgaststätte in dem Gebäude anzusiedeln. Seit 1997 gibt es tatsächlich ein Speiselokal in der alten Windmühle.

KN

KONSTANZ
Kreis: Konstanz
Bundesland: **Baden-Württemberg**

Konstanz ist die größte Stadt am Bodensee. Nicht weit von Konstanz liegt die Insel Mainau, die bekannt ist für ihre Blumenpracht. Auf der Insel gibt es ein großes Schmetterlingshaus, in dem viele »Exoten« herumflattern.

KM

KAMENZ
Kreis: Bautzen
Bundesland: **Sachsen**

»Die Menschen sind nicht immer, was sie scheinen, aber selten etwas Besseres.« Ein Satz, der aus »Nathan der Weise« stammt, einem Drama von Gotthold Ephraim Lessing. 1729 wurde Lessing in Kamenz geboren. Im »Goldenen Hirsch« am Markt fand seine Tauffeier statt, bis heute kann man dort einkehren, um sich für einen Besuch im Lessing-Museum zu stärken.

KO

(auslaufend)
KOBLENZ
Stadt Koblenz
Bundesland: **Rheinland-Pfalz**

Während der Fastnacht heißt der Schlachtruf der Koblenzer »Kowelenz Olau«. Und weil die Fastnacht in dieser Stadt eine große Rolle spielt, gibt es ein Museum zum Thema: das Rheinische Fastnachtsmuseum. Ausgestellt werden Orden, Uniformen, Bilder, Rosenmontagswagenschmuck, der von Basel bis Köln eingesammelt wurde. Am »Deutschen Eck« in Koblenz fließen Rhein und Mosel zusammen.

D KÖN

BAD KÖNIGSHOFEN
Kreis: Rhön-Grabfeld
Bundesland: **Bayern**

Zwei Heilquellen gibt es in Bad Königshofen: die Urbani- und die Regius-Quelle. Aus beiden sprudelt Bitterwasser. Das Wasser kann nicht nur getrunken werden, es fließt aus der Regius-Quelle auch in den ersten Natur-Heilwassersee Deutschlands. Er gilt als einer der gesündesten Badeseen. Das Wasser wird auf 28 bis 30 Grad erwärmt, sodass man in diesem See ganz sicher nicht frieren muss.

D KÖZ

BAD KÖTZTING
Kreis: Cham
Bundesland: **Bayern**

Seit über 600 Jahren findet in Bad Kötzting ein Pfingstritt statt. Er zählt zu den größten berittenen Bittprozessionen Europas, mit meist über 900 Reitern. Der Pfingstritt geht auf ein Gelöbnis von 1412 zurück: Ein Mann lag in einem Dorf etwa sieben Kilometer entfernt im Sterben und wollte die Sterbesakramente. Der Pfarrer, der sich nicht zutraute, allein dorthin zu reiten, bat junge Kötztinger um Geleit und kehrte unversehrt zurück. Er gelobte, den Ritt jedes Jahr zu wiederholen.

D KÖT

KÖTHEN
Kreis: Anhalt-Bitterfeld
Bundesland:
Sachsen-Anhalt

Nach italienischem und französischem Vorbild entstanden im 17 Jh. in Deutschland Sprachgesellschaften, deren Ziel es war, die Muttersprache Deutsch zu pflegen, die Sprachform zu vereinheitlichen und die Dichtkunst zu unterstützen. Die einflussreichste und erste war die »Fruchtbringende Gesellschaft«, auch »Palmorden« genannt, gegründet 1617 von Fürst Ludwig von Anhalt-Köthen. Im Schloss Köthen gibt es eine Ausstellung dazu.

D KR

KREFELD
Stadt Krefeld
Bundesland: **Nordrhein-Westfalen**

Im 18. und beginnenden 19. Jahrhundert war Krefeld für die dort ansässige Seidenproduktion bekannt. Der Textilindustrie verdankte Krefeld auch den Reichtum. Die Seide wurde von Webern in Heimarbeit hergestellt. Heute wirbt die Stadt mit dem Slogan: Krefeld – eine Stadt wie Samt und Seide.

KRU

KRUMBACH
Kreis: Günzburg
Bundesland: **Bayern**

Das alte Rathaus wurde 1679 an der Stelle erbaut, an der zuvor ebenfalls ein Rathaus stand. Neben einer Schreibstube und einem Raum, in dem das Gericht tagte, wurde das Gebäude im Barock als Markthalle genutzt, in der Getreide, Wein und zum Teil auch Fleisch angeboten und gelagert wurden.

Nicht nur in Pisa gibt es einen schiefen Turm, sondern auch in Kitzingen: Es ist der Falterturm. Kitzingen liegt am Main mitten in einer Weinregion. Deshalb sagt man, der Turm sei so schief, weil der Mörtel nicht mit Wasser, sondern mit Wein angerührt worden ist. Im Turm befindet sich das Deutsche Fastnachtmuseum.

KT

KITZINGEN
Kreis: Kitzingen
Bundesland: **Bayern**

KS

KASSEL
Kreis/Stadt: Kassel
Bundesland: **Hessen**

Alle fünf Jahre findet in Kassel eine besondere Kunstausstellung statt: die Documenta. Sie geht auf die Initiative von Arnold Bode, einem Kunsthochschulprofessor zurück. 1955 wurde die erste Documenta eröffnet. Damals konnte man noch nicht ahnen, dass sie sich zu einer der wichtigsten temporären Ausstellungen zeitgenössischer Kunst entwickeln würde.

In Kulmbach auf der Plassenburg gibt es ein Museum, das die größte Zinnfigurensammlung der Welt beherbergt. Ganz offiziell steht das so im Guinness-Buch der Rekorde. Über 300 000 Einzelfiguren werden dort in Dioramen ausgestellt: Szenen aus der Steinzeit, Ritter und Germanen oder antike Jagdszenen können betrachtet werden.

KU

KULMBACH
Kreis: Kulmbach
Bundesland: **Bayern**

KÜN

KÜNZELSAU
Kreis: Hohenlohekreis
Bundesland: **Baden-Württemberg**

In Schöntal befindet sich die Grabstelle von Götz von Berlichingen. Goethe hat über ihn ein Stück geschrieben, in dem ein Satz vorkommt, den die meisten Menschen schon einmal »zitiert« haben: »Er aber, sag's ihm, er kann mich im Arsche lecken!«

KW

KÖNIGS WUSTERHAUSEN
Kreis: Dahme-Spreewald
Bundesland: **Brandenburg**

Weihnachten 1698 wurde das Schloss Königs Wusterhausen dem zehnjährigen Friedrich Wilhelm I. geschenkt. Als er später König von Preußen wurde, lebte er mit seiner Frau und seinen 14 Kindern mehrere Monate im Jahr dort, obwohl das Haus kein prunkvolles war. Er regierte von dort aus, nutzte das Schloss aber auch als Ausgangspunkt für viele königliche Jagden.

KUS

KUSEL
Kreis: Kusel
Bundesland: **Rheinland-Pfalz**

Am Königsberg kann man ein Kalkbergwerk besichtigen. Nach der Einkleidung mit Jacke und Helm fährt man ein in den Stollen, vorbei an einem kleinen Sumpf. Unten angekommen, werden Arbeitsgeräte und die Arbeitsweise der Bergleute erklärt. Kalkstein ist insbesondere für die Baustoffindustrie wichtig.

KY

KYRITZ
Kreis: Ostprignitz-Ruppin
Bundesland: **Brandenburg**

Kyritz an der Knatter liegt gar nicht an der Knatter, sondern an der Jäglitz. Den Beinamen »an der Knatter« haben Kyritz wahrscheinlich Reisende verliehen, die in der Postkutsche von Berlin nach Hamburg unterwegs waren. Während sie in Kyritz ihren Aufenthalt hatten, störte sie das Rattern und Knattern der allgegenwärtigen Mühlräder.

KYF

KYFFHÄUSER
Kreis: Kyffhäuserkreis
Bundesland: **Thüringen**

Im Geopark Kyffhäuser kann man die Barbarossahöhle besichtigen. Geologisch ist sie als Anhydrithöhle einzigartig. Sie umfasst eine Fläche von 13 000 m². Die Sedimente, die das Muttergestein der Höhle bilden, sind ca. 250 Millionen Jahre alt. Das Farbspektrum des Gesteins reicht von Weiß bis Grau.

LA

LANDSHUT
Kreis/Stadt: Landshut
Bundesland: **Bayern**

Wenn die berühmte Landshuter Hochzeit stattfindet, dann ist die Stadt im Ausnahmezustand. Über 2000 Landshuter nehmen als Laiendarsteller daran teil. Alle vier Jahre wird die Hochzeit von Herzog Georg dem Reichen mit der Tochter des polnischen Königs Kasimir IV., Hedwig Jagiellonica, nachgespielt.

L

LEIPZIG
Kreis/Stadt: Leipzig
Bundesland: **Sachsen**

500 Stufen muss man erklimmen, dann hat man vom 91 Meter hohen Völkerschlachtdenkmal einen atemberaubenden Blick über Leipzig und seine Umgebung. Das Denkmal entstand zur Erinnerung an eine große Schlacht gegen Napoleon im Jahr 1813, bei der mehr als 120 000 Menschen starben. Es ist eines der bekanntesten Wahrzeichen von Leipzig.

LAN

LANDAU
Kreis: Dingolfing-Landau
Bundesland: **Bayern**

Landau an der Isar besteht aus zwei Stadtteilen, der »Oberen Altstadt« und der »Unteren Stadt«. »Bergstadt« wird der obere Teil auch genannt, der ca. 50 m über der Isar auf einem Hügel liegt. Von Landau aus kann man herrliche Radtouren unternehmen. Eine davon führt über die »Bockerlbrücke«, die 1903 erbaut wurde und heute ein Industriedenkmal ist.

LAU

LAUF
Kreis: Nürnberger Land
Bundesland: **Bayern**

Eine Wanderung durch die Bitterbachschlucht ist auch eine Wanderung auf einem geoökologischen Weg. Tiefe Einschnitte, unterspülte Felsen, wuchernde Farne und Moose sind dabei zu sehen.

LBS

BAD LOBENSTEIN
Kreis: Saale-Orla-Kreis
Bundesland: **Thüringen**

Direkt im Zentrum von Bad Lobenstein befinden sich unterirdisch 20 Kammern, die eine wechselhafte Geschichte haben: 1780 begannen Bergleute damit, einen 54,45 Meter langen Stollen zu schlagen, an dem die Räume liegen. Zunächst wurden sie von den Brauereien als Bierkeller, dann von Bürgern für ihre Vorräte genutzt. In Kriegszeiten boten die Kammern Schutz, danach verkamen sie zu Müllhalden. Seit dem Jahr 2000 gibt es ein kleines Bergbaumuseum in den Höhlen.

LB

LUDWIGSBURG
Kreis: Ludwigsburg
Bundesland: **Baden-Württemberg**

Was hat Ludwigsburg mit Venedig zu tun? 1768 schenkte Herzog Carl Eugen von Württemberg den Ludwigsburgern die sogenannte Venezianische Messe, ein großes venezianisches Fest, das auf dem Marktplatz stattfand. Inspiriert wurde er dazu von seinen diversen Reisen nach Italien.

LBZ

LÜBZ
Kreis: Ludwigslust-Parchim
Bundesland: **Mecklenburg-Vorpommern**

Im Jahr 1306 begann man auf dem Stadtgebiet von Lübz eine Burg zu bauen: die Eldenburg. Ein letzter Zeuge aus dieser Zeit ist der spätromanische Amtsturm. Er ist einer der besterhaltenen Wehrtürme Deutschlands. Da sich das Stadtmuseum von Lübz in dem Turm befindet, kann man ihn besichtigen!

LC

LUCKAU
Kreis: Dahme-Spreewald
Bundesland: **Brandenburg**

Bei Luckau hat man das sogenannte Freesdorfer Borchelt entdeckt. Das ist eine slawische Burganlage, genauer eine Ringwallburg. Sie besteht aus einer kleinen runden Hauptburg und einer halbrunden Vorburgsiedlung. Immer noch nicht ganz geklärt ist, aus welcher Zeit sie stammt: Ende des 9. oder Anfang des 10. Jahrhunderts? Oder doch aus einer früheren Zeit, was Scherbenfunde vermuten lassen würden.

LDK

LAHN-DILL-KREIS
Kreis: Lahn-Dill-Kreis
Bundesland: **Hessen**

Im Lahn-Dill-Kreis liegt die Grube Fortuna, ein Erzbergwerk im Originalzustand, das besichtigt werden kann. Mit dem Förderkorb fährt man 150 Meter tief in die Erde ein. Dann geht es weiter mit der Grubenbahn in die Abbauräume. 1881 fand man in der Grube römische Fibeln und Haustierknochen. Das zeigt, dass an dieser Stelle bereits vor 2000 Jahren Erz abgebaut wurde.

LD

(auslaufend)
LANDAU
Stadt Landau in der Pfalz
Bundesland:
Rheinland-Pfalz

Das Reptilium in Landau zeigt in großen Terrarien Reptilien und Amphibien. Teilweise kann man die Tiere auch unter Wasser beobachten. Während zoologischer Führungen werden Einblicke in die Lebensweise oder auch Ernährungsgewohnheiten der Tiere gegeben. Auf der »Babystation« liegen in Brutkästen die Eier, und winzige Jungtiere toben herum.

LDS

(LANDKREIS) DAHME-SPREEWALD
Kreis: Dahme-Spreewald
Bundesland: **Brandenburg**

Aus diesem Kreis kommt die berühmteste saure Gurke: die Spreewaldgurke. Das Grundprodukt, die Gurke, profitiert von den feuchtwarmen Sommern im Spreewald, vom humusreichen Boden und dem eisenhaltigen Wasser. Die Gurke wird eingelegt in einen würzigen Sud, der mit Zwiebeln, viel Dill, anderen frischen Kräutern und Meerrettich verfeinert wird. Wobei die Hersteller ihr Würzgeheimnis gut hüten. Seit 1999 schützt die EU das Produkt Spreewaldgurke: Gurken, die so genannt werden, müssen in der Region Spreewald angebaut worden sein.

D LEO

LEONBERG
Kreis: Böblingen
Bundesland: **Baden-Württemberg**

Am zweiten Dienstag im Februar beginnt in Leonberg der Pferdemarkt, der Höhepunkt des Jahres. Es wird nicht nur mit Pferden gehandelt, es finden sportliche Veranstaltungen und Seminare zu Themen rund ums Pferd statt. Da man in Leonberg einer Legende glaubte, fand im Jahr 2013 der 242. Markt statt, nach umfangreicher Forschung dann im Jahr 2014 der 323., nun amtlich belegt.

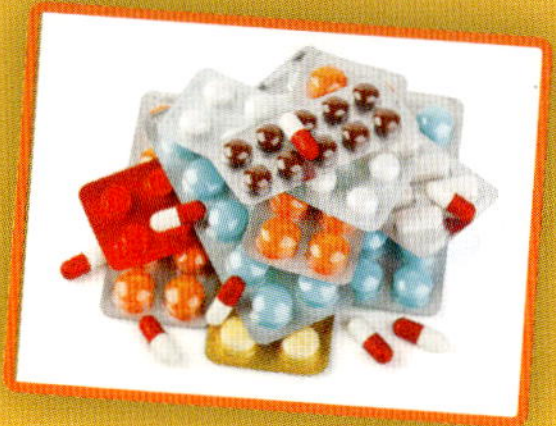

Leverkusen ist eine sehr junge Stadt. Sie wurde erst 1930 gegründet. Ihr Name geht auf Carl Leverkus, Apotheker und Chemieunternehmer, zurück. Bis heute ist der Name der Stadt eng mit einem pharmazeutischen Unternehmen verbunden: Bayer.

D LEV

LEVERKUSEN
Stadt Leverkusen
Bundesland: **Nordrhein-Westfalen**

D LER

LEER
Kreis: Leer
Bundesland: **Niedersachsen**

Borkum ist mit 36 Quadratkilometern die größte der Ostfriesischen Inseln. Und sie gehört zum Kreis Leer. Im Dykhus auf Borkum kann man das Skelett eines Pottwals sehen, der 15 m lang und 35 Tonnen schwer war. In den 1990er-Jahren strandete er auf Borkum und verendete dort.

Mitten im bayerischen Rupertiwinkel liegt Laufen in einer Schleife der Salzach. Die kleine Stadt macht der großen Nachbarin Salzburg durchaus Konkurrenz, wenn es um das Thema Festspiele geht: Seit 2005 finden dort die Salzachfestspiele mit einem bunten Programm statt.

D LF

LAUFEN (Salzach)
Kreise: Altötting, Berchtesgadener Land, Traunstein
Bundesland: **Bayern**

LG

LÜNEBURG
Kreis: Lüneburg
Bundesland: **Niedersachsen**

In der Lüneburger Heide gibt es eine ganz besondere Schafrasse: die Heidschnucke. Sie hat graue Hörner und stammt von den Mufflons auf Korsika und Sardinien ab. Beide Geschlechter sind gehörnt, aber nur bei den Widdern formen sich die Hörner zu Schnecken. Die Heidschnucken sind ziemlich genügsam, was ihr Fressen anbelangt.

LI

LINDAU
Kreis: Lindau
Bundesland: **Bayern**

Lindau gehört erst seit 1956 wieder zu Bayern. Direkt nach dem Zweiten Weltkrieg war die Stadt ein Gebiet, das sich selbst verwaltete und von einem Regierungspräsidenten geführt wurde. Bekannt ist Lindau u. a. für seine Hafeneinfahrt. Das Wahrzeichen der Stadt besteht aus einer sechs Meter hohen Löwen-Statue und einem 36 Meter hohen Leuchtturm von dem man einen schönen Rundumblick hat.

LH

LÜDINGHAUSEN
Kreise: Coesfeld, Unna
Bundesland: **Nordrhein-Westfalen**

Lüdinghausen ist als Dreiburgenstadt bekannt, insgesamt gibt es aber neun Burgen im Stadtgebiet. Burg Vischering, Burg Lüdinghausen, Burg Wolfsberg und Burg Kakesbeck sind einige von ihnen. Jede Burg hat eine andere Geschichte. Burg Vischering, die im Jahr 1271 erbaut wurde, sieht man an, dass sie der Verteidigung diente, und wenn die Zugbrücken oben waren, war sie so gut wie uneinnehmbar.

LIB

BAD LIEBENWERDA
Kreis: Elbe-Elster
Bundesland: **Brandenburg**

In Mitteldeutschland gab es die Tradition des Wandermarionettentheaters. Oft waren diese umherziehenden Bühnen die einzige Möglichkeit für Bewohner abgelegener Gegenden, ins Theater zu gehen. Ein Museum in Bad Liebenwerda beschäftigt sich mit der Geschichte dieser Bühnen. Ein paar von ihnen gibt es noch, sie zeigen Stücke in alten und neuen Inszenierungen.

LIF

LICHTENFELS
Kreis: Lichtenfels
Bundesland: **Bayern**

In Lichtenfels dreht sich alles um die alte Handwerkskunst des Flechtens. Es gibt viele Korbgeschäfte, Flechtkurse, einen Korbmarkt, ein Museum und vieles mehr. Vor dem Rathaus steht im Sommer der größte Korb der Welt. Er wiegt 100 kg, und es dauerte zwei Wochen, ihn zu flechten.

Wandert man lechaufwärts aus der Stadt hinaus, dann kommt man in den Wildpark. Dort kann man Damwild und Wildschweine beobachten. Und noch ein bisschen weiter kommt die sogenannte Teufelsküche. Das ist eine Schlucht mit tiefblauen Gumpen.

LL

LANDSBERG AM LECH
Kreis: Landsberg am Lech
Bundesland: **Bayern**

LIP

LIPPE
Kreis: Lippe
Bundesland: **Nordrhein-Westfalen**

Im Kreis Lippe gibt es die Externsteine. Sie stehen zwischen Sandsteinfelsen mit beeindruckenden Formen. Genutzt wurde dieser Platz als sakrale Stätte. Genau bestimmen konnte man bis heute nicht, welche Funktion den einzelnen Anlagen zukam. Vermutet wird, dass ein heidnisches Heiligtum in eine christliche Stätte umgewandelt wurde. Ganz klar ist aber, dass es sich um einen besonderen Ort handelt.

Ein Wort, das wir ganz allgemein für sprudelndes Mineralwasser einsetzen, ist »Selters«. Aber eigentlich ist Selters nur ein bestimmtes Wasser, das aus einem Brunnen in Niederselters stammt, und dieser Ort liegt im Landkreis Limburg-Weilburg.

LM

LIMBURG
Kreis: Limburg-Weilburg
Bundesland: **Hessen**

LN

LÜBBEN
Kreis: Dahme-Spreewald
Bundesland: **Brandenburg**

Lübben liegt mitten im Spreewald und ist Anlaufpunkt für die Wasserwanderer, die mit dem Kanu unterwegs sind. Die »SpreeLagune« ist ein Anlege- und Rastplatz für alle müde und hungrig gewordenen Kanuten. Es gibt dort auch eine große Naturbadestelle mit Sandstrand.

Der 1854 errichtete König-Friedrich-August-Turm ist vollkommen aus Gusseisen und 28 Meter hoch. Erklommen wird er über eine Wendeltreppe mit 120 Stufen. Auf 12, 18 und 24 Meter Höhe hat der Turm jeweils eine Aussichtsplattform, denn genutzt wurde das Bauwerk auf dem Löbauer Berg immer schon als ein Aussichtsturm. In Europa gibt es keinen zweiten Turm dieser Art mehr.

LÖB

LÖBAU
Kreis: Görlitz
Bundesland: **Sachsen**

LÖ

LÖRRACH
Kreis: Lörrach
Bundesland: **Baden-Württemberg**

Die Lörracher Innenstadt kann man entlang eines Skulpturenwegs entdecken, der 23 Arbeiten von international bekannten Künstlern zeigt. Teilweise sind die Arbeiten als Brunnen konzipiert worden.
Lörrach liegt im sogenannten Dreiländereck. Dort grenzen Deutschland, die Schweiz und Frankreich aneinander.

Wer Lust hat, sich in Labyrinthen zu verlieren, der ist im Irrlandia MitMachPark bestens aufgehoben: 12 unterschiedliche Labyrinthe können durchquert werden. Im Robin-Hood-Höhlenlabyrinth kann man sich sogar in 11 Metern Höhe verlaufen.

LOS

LANDKREIS ODER-SPREE
Kreis: Oder-Spree
Bundesland: **Brandenburg**

LP

LIPPSTADT
Kreis: Soest
Bundesland: **Nordrhein-Westfalen**

Am Bürgerbrunnen in Lippstadt stehen neun Bronzefiguren, die jeweils einen Menschen darstellen, der wichtig war in der Geschichte der Stadt: So ist der Herr in der Rüstung Bernhard II., Edelherr zu Lippe, der 1185 Lippstadt gründete. Daneben steht Friedrich II., der »Alte Fritz«, der ab 1850 Lippstadter Landesherr war.

LRO

LANDKREIS ROSTOCK
Kreis: Rostock
Bundesland: **Mecklenburg-Vorpommern**

In der Nähe der Altstadt von Güstrow befindet sich ein imposantes Schloss. Bereits 1307 gab es dort eine Burganlage. Nach einem schweren Brand 1557 entschied sich Herzog Ulrich anstelle der Burg ein Renaissanceschloss zu errichten. Beeindruckend ist ebenfalls der Garten mit seinen vielen Lavendelbeeten und Wassergräben.

LR

LAHR
Kreis: Ortenaukreis
Bundesland: **Baden-Württemberg**

Jedes Jahr im Herbst, in einer Jahreszeit, in der eigentlich nichts mehr blüht, findet in Lahr die Chrysanthema statt: ein Festival, bei dem die Innenstadt mit 10 000 Chrysanthemen geschmückt wird. Die Stadtgärtner züchten dafür eine Besonderheit, Kaskadenchrysanthemen, die bis zu zwei Meter lang werden können. Chrysanthemen gibt es in ganz verschiedenen Farben und Formen.

LSZ

BAD LANGENSALZA
Kreis: Unstrut-Hainich-Kreis
Bundesland: **Thüringen**

Mitten in Thüringen, in Bad Langensalza, gibt es einen japanischen Garten: »Kofuku No Niwa«, der Garten der Glückseligkeit. Bonsais, Bäume im Miniaturformat, stehen dort, und durch den Teich, der mit Seerosen und Wasserlilien bepflanzt ist, schwimmen Kois, eine besondere und teure Karpfenart.

LU

(auslaufend)

LUDWIGSHAFEN

Stadt Ludwigshafen am Rhein

Bundesland: Rheinland-Pfalz

Wer Tarpane, Wisente, Auerochsen, Wildschweine oder andere Wildarten sehen möchte, der ist in den Rheinauen bei Rheingönheim gut aufgehoben. Zwischen Eschen, Eichen und Ahornbäumen tummeln sich dort all diese Tiere im Ludwigshafener Wildpark.

Seit 1990 findet jedes Jahr auf der Elde in Plau am See die Badewannenrallye statt. Die Strecke führt durch den Ort, beträgt 579 m und verläuft von der sogenannten Schleuse mit der Hühnerleiter zur Hubbrücke. Entstanden ist die Idee zu dieser spaßigen Veranstaltung auf einer Geburtstagsfeier.

LUP

LUDWIGSLUST-PARCHIM

Kreis: Ludwigslust-Parchim

Bundesland: Mecklenburg-Vorpommern

LÜN

LÜNEN

Kreis: Unna

Bundesland: Nordrhein-Westfalen

Das »Colani-Ei« in Lünen erinnert ein bisschen an ein Ufo, das auf einem Förderturm gelandet ist. Eigentlich heißt dieser umgestaltete Förderturm der ehemaligen Zeche Minister Achenbach IV »Lüntec-Tower«. Zusammen mit der Schachthalle wird das »Ei« heute für Veranstaltungen genutzt.

Ludwigslust ist ein lustiger Name für einen Ort, doch wo kommt er her? Der Herrscher Christian Ludwig II., Herzog zu Mecklenburg, ließ 1731 ein Jagdschloss errichten, das er »Ludwigs Lust« nannte. Hinter dem alten Jagdschloss wurde ein imposantes Residenzschloss errichtet, damit war das kleinere Gebäude unnütz. Als der Herzog sein neues Heim bezogen hatte, ließ er das Jagdschlösschen abtragen, der Name blieb aber.

LWL

LUDWIGSLUST

Kreis: Ludwigslust-Parchim

Bundesland: Mecklenburg-Vorpommern

D M

MÜNCHEN
Kreis/Stadt: München
Bundesland: **Bayern**

Ein Besuch im Münchner Zoo Hellabrunn ist Pflicht. 1911 wurde er als erster Geo-Zoo gegründet. Die Tiere leben ihrer geografischen Herkunft entsprechend zusammen. So tritt man beim Rundgang durch das Gelände eine »Weltreise« an. Heute leben dort mehr als 17 000 Tiere in über 700 Arten.

In der Renaissance wurden gerade in Italien »Idealstädte« entworfen. Ihnen lag meistens ein streng geometrischer Grundriss zugrunde. Wahrscheinlich dienten diese Städte bei der Anlage Marienbergs als Vorbild: Im Altstadtkern laufen alle Straßen im rechten Winkel aufeinander zu und der Marktplatz selbst ist ein 1,77 Hektar großes Quadrat.

D MAB

MARIENBERG
Kreis: Erzgebirgskreis
Bundesland: **Sachsen**

D MA

(auslaufend)
MANNHEIM
Stadt Mannheim
Bundesland: **Baden-Württemberg**

Mannheim heißt auch die »Quadratestadt«. Betrachtet man den Stadtplan, sieht man, dass die Innenstadt in einem Raster angelegt wurde. Die Straßen in diesem Bereich haben keine Namen, sondern jedem Quadrat wurde ein Buchstabe und eine Nummer zugeordnet. Die einzelnen Häuser haben – wie in anderen Städten auch – eine Hausnummer.

Das wichtigste Volksfest in Mainburg, der »Weltstadt des Hopfens«, ist der »Gallimarkt«, benannt nach dem Heiligen Gallus, der am 16. Oktober seinen Namenstag hat. Den Gallimarkt gibt es seit 1397, damit ist er eines der ältesten Volksfeste in Bayern. Er beginnt immer am Freitag vor dem zweiten Oktobersonntag und geht bis zum Montag danach.

D MAI

MAINBURG
Kreise: Kehlheim, Landshut
Bundesland: **Bayern**

MAK

MARKTREDWITZ
Kreis: Wunsiedel im Fichtelgebirge
Bundesland: **Bayern**

Das historische Rathaus von Marktredwitz war früher ein Teil der noch älteren Burganlage: 1384 entstand das Rathaus durch einen umfangreichen Umbau, in den auch zwei ehemalige Burgtürme mit einbezogen wurden. Der rote Erker wurde bei einem Umbau 1591/92 an das Gebäude angefügt.

MB

MIESBACH
Kreis: Miesbach
Bundesland: **Bayern**

Im Kreis Miesbach liegen zwei der schönsten Seen des bayerischen Voralpenlands: der Schliersee und der Tegernsee. Am Schliersee kann man im Markus Wasmeier Bauernhof- und Wintersportmuseum 12 alte Bauernhöfe aus dem Oberland anschauen und die Atmosphäre eines altbayerischen Dorfs erleben.

MAL

MALLERSDORF
Kreis: Landshut
Bundesland: **Bayern**

Das Kloster in Mallersdorf wurde 1109 von fünf Benediktinermönchen gegründet. Heute ist es das Mutterhaus der Armen Franziskanerinnen von der Heiligen Familie. Die Ordensgemeinschaft kaufte 1869 einen Teil des Klosters. 1913 konnten sie dann vom Staat die restlichen Gebäude erwerben.

MC

MALCHIN
Kreis: Mecklenburgische Seenplatte
Bundesland:
Mecklenburg-Vorpommern

Den besten Blick auf Malchin und die Mecklenburgische Schweiz mit ihren Seen hat man vom Turm der Sankt-Johanniskirche aus. Die Kirche stammt aus dem 15. Jahrhundert. Der Turm entstand allerdings erst später. Direkt neben der Kirche steht das Rathaus, in dem es einen Saal mit 72 Zunftzeichen zu besichtigen gibt.

MD

MAGDEBURG
Stadt Magdeburg
Bundesland: **Sachsen-Anhalt**

Ein Bürgermeister der Stadt Magdeburg erforschte den »leeren Raum« bzw. die Kraft des Luftdrucks. Otto von Guericke entwickelte zu diesem Zweck ein Experiment: Er pumpte 1661 den Raum zwischen zwei Messing-Halbkugeln leer. Anschließend spannte er jeweils 8 Pferde an eine Kugel. Ihnen gelang es nicht, die Kugeln auseinanderzuziehen, das Vakuum war zu stark.

MED

MELDORF
Kreis: Dithmarschen
Bundesland: **Schleswig-Holstein**

Meldorf liegt in dem sonst sehr flachen Schwemmland auf einer sogenannten Geestzunge, also auf einer natürlichen Erhebung. Dennoch musste die Stadt vor Sturmfluten geschützt werden, ein Speicherkoog wurde errichtet, wodurch Wattfläche verloren ging. Dafür entstand das Naturschutzgebiet Kronenloch, ein Salzwasserbiotop.

ME

METTMANN
Kreis: Mettmann
Bundesland: **Nordrhein-Westfalen**

Im Neanderthal-Museum kann man in die Urgeschichte der Menschheit eintauchen. Hier fand man 1856 die Skelettreste eines vorgeschichtlichen Menschen. Eine Steinzeitwerkstatt demonstriert, welche handwerklichen Fähigkeiten die Neandertaler hatten. Gleich daneben kann man das eiszeitliche Wildgehege Neanderthal besuchen.

MEG

MELSUNGEN
Kreis: Schwalm-Eder-Kreis
Bundesland: **Hessen**

Das Melsunger Rathaus gilt als eines der schönsten Fachwerk-Rathäuser. Es wurde in den Jahren 1562 bis 1568 erbaut. Jeweils um 12 und um 18 Uhr kann man am Rathaus den »Bartenwetzer« sehen: Der Name geht auf das Mittelalter zurück, als die Melsunger von der Holzwirtschaft lebten. Die Männer wetzten morgens ihre Barten, mittelhochdeutsch für Äxte, und zogen los. So kamen die Bürger zu ihrem Spitznamen »Bartenwetzer«.

MEI

MEISSEN
Kreis: Meißen
Bundesland: **Sachsen**

Meißen ist bekannt für das Porzellan, das hier hergestellt wird. Johann Friedrich Böttger hat es Anfang des 18. Jahrhunderts per Zufall erfunden – eigentlich wollte er Gold fabrizieren. Heute kann man bei der Porzellanherstellung hautnah dabei sein: In den Schauwerkstätten kann man an verschiedenen Arbeitsplätzen erleben, wie die Figuren gedreht, zusammengefügt und dann bemalt werden.

MEL

MELLE
Kreis: Osnabrück
Bundesland:
Niedersachsen

Melle ist der Ort, an dem man in Deutschland eine Bifurkation beobachten kann. *Bi* heißt »zwei« und lateinisch *furca* ist die Gabel. In Melle gabelt sich ein Fluss, die Hase, in zwei Flüsse auf, ein seltenes Phänomen. Der Fluss fließt als Hase und als Else nach der Teilung weiter.

MER

MERSEBURG
Kreis: Saalekreis
Bundesland:
Sachsen-Anhalt

In der Domstiftsbibliothek in Merseburg liegen die beiden »Merseburger-Zaubersprüche«. Die in Althochdeutsch abgefassten Texte sind wohl im 10. Jahrhundert niedergeschrieben worden. Die Zaubersprüche sind Beschwörungsformeln aus vorchristlicher Zeit: Einer sollte Gefangene aus ihren Fesseln befreien, der andere sollte die schnelle Heilung einer Verletzung heraufbeschwören.

MEK

MITTLERER ERZGEBIRGSKREIS
Kreis: Erzgebirgskreis
Bundesland: **Sachsen**

Das Naturschutzzentrum Erzgebirge setzt sich für Landschaftspflege, Naturschutz und -bildung ein. Ein Kleinod, das man über einen Holzbohlenweg erkunden kann, ist das Quellmoor bei Dörfel. Im Moor wachsen viele seltene Pflanzenarten und sechs Orchideen-Arten, die so prägnante Namen haben wie Grüne Hohlzunge, Große Händelwurz, Breitblättriges und Geflecktes Knabenkraut, Großes Zweiblatt und Breitblättriger Sitter.

MET

MELLRICHSTADT
Kreis: Rhön-Grabfeld
Bundesland: **Bayern**

Im sogenannten Salzhaus ist das Heimatmuseum untergebracht, dessen Sammlung aus landwirtschaftlichen und handwerklichen Gerätschaften besteht, die so aufgebaut sind, dass man meint, durch Wohnhäuser des 19. Jahrhunderts zu gehen. Man kann einen komplett eingerichteten Kaufladen, eine Steinmetzwerkstatt, aber auch alles Gerät, das für eine Hausschlachtung nötig war, bestaunen.

MG

MÖNCHENGLADBACH
Stadt Mönchengladbach
Bundesland: **Nordrhein-Westfalen**

Ob Pop-Art oder Lichtspiele mit Tennisbällen: Das Museum Abteiberg ist die erste Adresse, wenn es um zeitgenössische Kunst in Mönchengladbach geht. Wer sich an den Werken von Man Ray sattgesehen hat, streift durch den Skulpturenpark, wo Kunst und Natur zu einem individuellen Erlebnisraum verschmelzen.

Richard Schechner von der New York University sagt über das Meininger Stadttheater, dass dort das moderne Regietheater erfunden wurde. Das Besondere an der Schauspieltruppe, die von Georg II. von Sachsen-Meiningen durch ganz Europa auf Tour geschickt wurde: Die Schauspieler versuchten sich in die Rolle hineinzufühlen, legten sie nicht schablonenartig an.

MGN

MEININGEN
Kreis: Schmalkalden-Meiningen
Bundesland: **Thüringen**

MGH

BAD MERGENTHEIM
Kreis: Main-Tauber-Kreis
Bundesland: **Baden-Württemberg**

Im Bad Mergentheimer Wildpark lebt, neben vielen anderen Tieren, auch Europas größtes Wolfsrudel. Besucher können die Tiere aus nächster Nähe bei ihren Rangkämpfen, beim Fressen oder Faulenzen beobachten. In der sogenannten Wolfsnacht darf man in einem Zelt auf Stroh und Fellen ganz nahe bei den Wölfen übernachten.

Im Kunstmuseum Alte Post kann man neben deutschen Expressionisten – darunter sind Arbeiten von Käthe Kollwitz, Max Beckmann, Paul Klee und August Macke – auch Werke des Malers und Zeichners Heinrich Zille sehen. Eine der größten Sammlungen des Künstlers außerhalb Berlins!

MH

MÜLHEIM AN DER RUHR
Stadt Mülheim an der Ruhr
Bundesland: **Nordrhein-Westfalen**

MHL

MÜHLHAUSEN

(Thüringen)

Kreis: Unstrut-Hainich-Kreis

Bundesland: **Thüringen**

Der »Mühlhäuser Löwe« sitzt auf einem Kriegerdenkmal, das 10 Jahre nach Ende des Ersten Weltkriegs eingeweiht wurde und zu einem Wahrzeichen der Stadt geworden ist. Das Denkmal erinnert an 1337 gefallene Soldaten. Blicken die Besucher über den Löwen, haben sie einen grandiosen Ausblick auf die Stadt.

MIL

MILTENBERG

Kreis: Miltenberg

Bundesland: **Bayern**

In Miltenberg gibt es das Gasthaus zum Riesen. Es ist das älteste Gasthaus Deutschlands. Erbaut wurde es 1590. Seitdem ist es Trinkstube und Wirtschaft. 1711 war Kaiser Karl der VI. dort.

MI

MINDEN

Kreis: Minden-Lübbecke

Bundesland: **Nordrhein-Westfalen**

Auf der Weser liegt Deutschlands einzige mahlfähige Schiffmühle. Sie wurde nach Plänen des 18. Jahrhunderts rekonstruiert. Das schwimmende Mahlwerk wird in den Abendstunden mit einem speziell dafür konzipierten Lichtdesign in Szene gesetzt. Im Biergarten kann man das Knacken des Holzgetriebes und das Wasserrauschen auf sich wirken lassen.

MK

MÄRKISCHER KREIS

Kreis: Märkischer Kreis

Bundesland: **Nordrhein-Westfalen**

Im Tal der Schwarzen Ahe steht eine Hammerschmiede, die im 16. Jahrhundert in Form eines eingeschossigen Bruchsteingebäudes erbaut wurde. Das Roheisen wurde hier im Feuer erhitzt und mit Hämmern bearbeitet, die ein gewaltiges Wasserrad antrieb. Neben der Werkstatt kann man die Schreibstube und die Schlafräume der Arbeiter besichtigen.

MKK

MAIN-KINZIG-KREIS
Kreis: Main-Kinzig-Kreis
Bundesland: **Hessen**

Gelnhausen wurde im Jahr 1170 von einem der bekanntesten deutschen Könige gegründet: von Friedrich I., genannt Barbarossa. »Barbarossa« ist italienisch und heißt übersetzt »roter Bart«. Er ließ in Gelnhausen eine Kaiserpfalz erbauen, die »Barbarossaburg«. Die Fundamente dieses Bauwerks bestehen aus sage und schreibe 12 000 Baumstämmen.

Die einstündige Führung durch den Allgäu Airport ermöglicht viele Blicke hinter die Kulissen. Check-in, Sicherheitskontrolle und Flugzeugabfertigung werden besichtigt und erklärt, Bereiche, die man als Fluggast erlebt, aber nie weiß, was dort genau passiert.

MM

(auslaufend)
MEMMINGEN
Stadt Memmingen
Bundesland: **Bayern**

ML

MANSFELDER LAND
Kreis: Mansfeld-Südharz
Bundesland: **Sachsen-Anhalt**

Die einzige genietete Bahnbrücke Deutschlands überspannt bei Mansfeld die Bundesstraße B86. Von den Bewohnern des Mansfelder Lands wird die Regionalbahn »Wipperliese« genannt, die Bahnbrücke heißt Hasselbach-Viadukt. Im Juli 1918 wurde die Brücke in Betrieb genommen. Sie ist Teil der Bahnverbindung von Klostermansfeld durch das Wippertal bis Wippra.

Alle drei Jahre kehrt die Stadt Mindelheim während des Frundsbergfests in das Mittelalter zurück. Es gibt Festzüge, Festspiele, Theaterstücke, Konzerte und Darbietungen verschiedener mittelalterlicher Vergnügungen. Gezeigt wird nicht nur das Leben der herrschenden Schicht, man versucht das Leben von damals umfassend darzustellen.

MN

MINDELHEIM
Kreis: Unterallgäu
Bundesland: **Bayern**

MO

MOERS
Kreis: Wesel
Bundesland: **Nordrhein-Westfalen**

Auf der über 100 Meter hohen Halde Rheinpreußen über Moers thront das »Geleucht«. Dieses Kunstwerk von Otto Piene ist eine 28 Meter hohe Grubenlampe, die eine unübersehbare Landmarke setzt. In der Dunkelheit wird das Kunstwerk mit seinem fünf Meter hohen Lampenhaken zu einer Lichtskulptur.

MOL

MÄRKISCH-ODERLAND
Kreis: Märkisch-Oderland
Bundesland: **Brandenburg**

Der Julianenhof liegt im Naturpark Märkische Schweiz und ist ein außergewöhnliches Museum: ein Fledermausmuseum. Im Dachstuhl eines Stallgebäudes ist die Kinderstube der Großen Bartfledermäuse. Dank einer Kamera kann man das Treiben dort vom Museum aus beobachten. Deutschlandweit ist das einzigartig. Insgesamt kommen aber 14 Fledermausarten in der Region vor, von denen neun auf dem Julianenhof leben. Ihr Überleben wird durch das Projekt gesichert.

MOD

MARKTOBERDORF
Kreis: Ostallgäu
Bundesland: **Bayern**

In Marktoberdorf gibt es ein Naturdenkmal: die Lindenallee, auch Kurfürstenallee genannt. Entstanden ist sie von 1774 bis 1780 im Auftrag des Kurfürsten von Augsburg, Clemens Wenzeslaus. Die Allee besteht aus bis zu 200 Jahre alten Bäumen und bietet beim Spazierengehen einen herrlichen Blick auf die Allgäuer Alpen.

MON

MONSCHAU
Kreise: Aachen, Düren
Bundesland: **Nordrhein-Westfalen**

In der alten Senfmühle in Monschau wird in der fünften Generation Senf hergestellt. Zwar wird die Mühle nicht mehr von einem Wasserrad angetrieben, sondern von einer Transmission, einem alten Riemengetriebe, doch der Senf wird immer noch nach alter Tradition gefertigt. Die Geschmacksrichtungen variieren von Wildkräuter- bis zu Orangen- oder Limonensenf.

MOS

MOSBACH
Kreis: Neckar-Odenwald-Kreis
Bundesland: **Baden-Württemberg**

In Mosbach kann man den Rathausturm besteigen. Dann hat man von dort oben aus den gleichen Blick, den früher der Turmwächter aus seinem Türmerstübchen hatte. Genau 132 Stufen muss man emporklettern, dafür wird man mit der Rundumsicht auf die Stadt und natürlich die Neckarhänge belohnt.

Hoch über der Altstadt Marburgs thront eine der Hauptattraktionen der Stadt: das Landgrafenschloss. Dort kann man Reste einer Burganlage aus dem 9./10. Jahrhundert sehen oder das Museum für Kulturgeschichte besuchen.

MR

MARBURG
Kreis: Marburg-Biedenkopf
Bundesland: **Hessen**

MQ

MERSEBURG-QUERFURT
Kreis: Saalekreis
Bundesland: **Sachsen-Anhalt**

Der »Talkessel« in Teutschenthal ist Motocross-Fans wohlbekannt! Seit 1966 werden auf der 1565 Meter langen, anspruchsvollen Strecke Rennen gefahren. International rückte der »Talkessel« 1971 in den Blickpunkt: Ein Weltmeisterschaftslauf wurde in Teutschenthal ausgetragen, den der Belgier Joel Robert gewann. Alljährlich findet der »Grand Prix of Germany« auf der Strecke statt.

1648 wurde im Friedenssaal des Historischen Rathauses Münster feierlich der Abschluss des Spanisch-Niederländischen Friedens beschworen. Die prächtigen Renaissancevertäfelungen aus Holz stammen aus der Zeit um 1570.

MS

MÜNSTER
Stadt Münster
Bundesland:
Nordrhein-Westfalen

D MSE

MECKLENB. SEENPLATTE
Kreis: Mecklenburgische Seenplatte
Bundesland:
Mecklenburg-Vorpommern

Mecklenburg-Vorpommern ist mit 2200 Seen der Rekordhalter bezüglich der Seenanzahl unter den deutschen Bundesländern. Dazu trägt die Mecklenburgische Seenplatte, die auch als »Land der 1000 Seen« bezeichnet wird, bei. Deshalb kann man sie am besten vom Wasser aus erkunden: mit dem Ausflugsdampfer, dem Floß, dem Hausboot, dem Kanu oder einem Segelboot.

D MSP

MAIN-SPESSART
Kreis: Main-Spessart
Bundesland: Bayern

In Karlstadt steht das Europäische Klempner- und Kupferschmiede-Museum. Darin findet sich eine Sammlung alter Werkzeuge, die man zur Ausübung des Handwerks braucht. Gezeigt werden Meisterstücke von Spenglern, Klempnern, Flaschnern und Blech- und Kupferschmieden.

D MSH

MANSFELD-SÜDHARZ
Kreis: Mansfeld-Südharz
Bundesland: Sachsen-Anhalt

Im Spengler-Museum in Sangerhausen kann man eine Seltenheit bewundern: Dort wird das komplette Skelett eines Altmammuts ausgestellt. Der Besitzer einer Kiesgrube entdeckte die Knochen 1930. Drei Jahre später fand man in der Grube noch weitere Knochen und ergänzte das Skelett.

D MST

MECKLENBURG-STRELITZ
Kreis: Mecklenburgische Seenplatte
Bundesland:
Mecklenburg-Vorpommern

Schloss Mirow, das von außen bescheiden wirkt, kann im Inneren mit einem prachtvollen barocken Festsaal aufwarten und mit besonders schönen Rokoko-Räumen. Die Strelitzie, eine papageienähnliche Pflanze, hat ihren Namen einer berühmten Bewohnerin des Strelitzer Schlosses zu verdanken: Queen Charlotte, die mit König Georg III. von Großbritannien verheiratet war und im Schloss Mirow aufwuchs.

MTK

MAIN-TAUNUS-KREIS
Kreis: Main-Taunus-Kreis
Bundesland: **Hessen**

Hoch über Eppstein thront der Kaisertempel. Erbaut wurde er vor über 100 Jahren. Errichten ließ ihn von 1892 bis 1894 der Verschönerungsverein Eppstein. Dank der grandiosen Aussicht ist der Tempel ein beliebter Treffpunkt. In seinem Inneren finden sich Bildnisse von Kaiser Wilhelm I. und Friedrich II. sowie von Otto von Bismarck und Helmuth von Moltke.

MÜ

MÜHLDORF
Kreis: Mühldorf am Inn
Bundesland: **Bayern**

Beim Besuch im Schulmuseum Neumarkt-St. Veit kann man Unterricht wie anno dazumal erleben. Hier werden noch Arbeitsmaterialien wie Feder, Tinte und Tafel verwendet, es gibt einen Schreibkurs in altdeutscher Schrift. Nur noch zur Illustration liegt das Tatzensteckerl auf dem Lehrerpult.

MTL

MULDENTAL
Kreis: Leipzig
Bundesland: **Sachsen**

Der Muldentalkreis ist nach der Mulde benannt, die ihn durchfließt. Die Mulde ist ein Nebenfluss der Elbe und vereinigt sich aus der Zwickauer Mulde und der Freiberger Mulde. Da die Mulde große Teile Sachsens entwässert, kommt es immer wieder zu Hochwasser.

MÜB

MÜNCHBERG
Kreise: Bayreuth, Hof
Bundesland: **Bayern**

Sankt Peter und Paul ist ein großer neugotischer Kirchenbau, der aus der Stadtansicht von Münchberg hervorsticht. Die früheren Kirchenbauten in Münchberg brannten immer wieder ab, doch das, was gerettet werden konnte, findet sich in der heutigen Kirche wieder: zum Beispiel der Taufengel oder die Engel im Chorraumboden.

MÜR

MÜRITZ
Kreis: Mecklenburgische Seenplatte
Bundesland: **Mecklenburg-Vorpommern**

Der Müritzsee zählt zu den großen deutschen Binnenseen. In der Länge misst er 29 Kilometer und in der Breite 13 Kilometer. Während der letzten 500 Jahre veränderte sich die Größe des Sees immer wieder, je nach Wasserstand. Das Gebiet rund um den See steht schon lange unter Naturschutz, so findet sich gar nicht weit entfernt der größte Schlaf- und Rastplatz für ziehende Kraniche.

Das Wahrzeichen Mayens ist die Genovevaburg. 1280 wurde sie von einem Trierer Erzbischof erbaut. Sie hat eine wechselvolle Geschichte mit vielen Belagerungen und Zerstörungen hinter sich, doch sie wurde immer wieder aufgebaut. Ihr Name geht auf Genoveva von Brabant zurück, die angeblich mit ihrem Mann, dem Pfalzgrafen Siegfried, auf der Anhöhe wohnte, auf der nun die Burg steht.

MY

MAYEN
Kreis: Mayen-Koblenz
Bundesland: **Rheinland-Pfalz**

MW

MITTWEIDA
Kreis: Mittelsachsen
Bundesland: **Sachsen**

Burg Kriebstein sieht so aus, wie man sich eine Ritterburg vorstellt: Hoch oben auf einem Felssporn gelegen, thront sie weithin sichtbar. Die Burg gehört mittlerweile dem Freistaat Sachsen und wurde von Grund auf saniert. Heute findet man von der Gotik bis zum Beginn des 19. Jahrhunderts jegliche Stilrichtung im Inneren des Gebäudes.

In Koblenz bietet sich die Möglichkeit, den Rhein ganz spektakulär zu überqueren, allerdings sollte man schon schwindelfrei sein. Man kann mit einer Seilbahn über den Rhein zur Festung Ehrenbreitstein hinauffahren und dabei den Ausblick ins Rheintal genießen. Einige der Seilbahnkabinen haben einen gläsernen Boden. In der Festung gibt es einen naturnahen Erlebnisklettergarten.

MYK

MAYEN-KOBLENZ
Kreis: Mayen-Koblenz
Bundesland: **Rheinland-Pfalz**

MZ

MAINZ
Kreis/Stadt: Mainz-Bingen/Mainz
Bundesland: **Rheinland-Pfalz**

Im Gutenberg-Museum kann jeder Besucher im Druckladen und in der Museumswerkstatt selbst diverse Handwerkstechniken rund um das Buch ausprobieren. Eigene Kreativität ist gefragt, egal ob es um den Druck an sich, das Binden oder Veredeln des Buches geht.

N

NÜRNBERG
Kreis/Stadt: Nürnberger Land/Nürnberg
Bundesland: **Bayern**

Die Hausherrin des Albrecht-Dürer-Hauses führt junge Besucher durch die Räume, in denen um 1500 der große Künstler lebte. Sie berichtet von den Schwierigkeiten, im Mittelalter ein Feuer zu entfachen, oder welche Süßspeisen früher zubereitet wurden, welche Kaufleute sich von Dürer malen ließen und wie das berühmte Rhinozeros-Bild entstand.

MZG

MERZIG
Kreis: Merzig-Wadern
Bundesland: **Saarland**

Werner Freund hat in Merzig einen Wolfspark gegründet, der in sieben verschiedenen Gehegen Wolfsrudel beherbergt, u. a. Kanadische, Sibirische und Arktische Wölfe. Wolfsjunge werden in diesem Park aufgezogen und können beobachtet werden.

NAB

NABBURG
Kreise: Amberg-Sulzbach, Schwandorf
Bundesland: **Bayern**

In Nabburg steht ein Tor, das Mähntor heißt. »Mähn« hat aber nichts damit zu tun, dass hinter dem Tor früher Weiden lagen, die gemäht werden mussten. »Mähn« leitet sich von dem französischen Wort »mener« ab, das »führen« oder »leiten« bedeutet und im Zusammenhang mit dem Tor Folgendes: Der Berg hinter dem Tor war so steil, dass die Kutscher neben ihren Tieren herlaufen mussten, um sie zu führen oder zu leiten.

NAI

NAILA
Kreis: Hof
Bundesland: **Bayern**

Das Gebiet rund um Naila ist schon lange bewohnt: Bodenfunde haben gezeigt, dass bereits 1000 n. Chr. Menschen dort siedelten. Im Jahr 1454 wird dem Ort vom damaligen Markgrafen Johann IV. von Brandenburg-Kulmbach das Stadtwappen verliehen, das den »Wilden Mann« zeigt, Historikern zufolge ein Symbol für Bergbau in der Gegend.

NAU

NAUEN
Kreis: Havelland
Bundesland: **Brandenburg**

Einer der Ortsteile von Nauen ist Ribbeck, das weit über das Havelland bekannt geworden ist durch ein Gedicht von Theodor Fontane: »Herr von Ribbeck auf Ribbeck im Havelland«. Das Gedicht geht auf Hans Georg von Ribbeck zurück, der sehr großzügig zu den Kindern und Bauern seines Landguts war. Um seinem sparsamen Sohn nach dem Tod noch eins auszuwischen, erbat er sich eine Birne in sein Grab, aus der ein Baum spross, der jahrzehntelang trug und den Kindern Birnen schenkte.

NB

(auslaufend)
NEUBRANDENBURG
Stadt Neubrandenburg
Bundesland:
Mecklenburg-Vorpommern

Die Wallanlagen der Stadt Neubrandenburg sind zusammen mit der Stadtmauer, dem Fangelturm, den Wiekhäusern und den Stadttoren erhalten. Man kann sie gut erkennen, da die Wallanlagen mit Bäumen begrünt wurden, was bereits im ausgehenden 16. Jahrhundert passierte. Davor war es verboten, in der Schusslinie etwas anzupflanzen.

ND

NEUBURG AN DER DONAU
Kreis: Neuburg-Schrobenhausen
Bundesland: **Bayern**

Inmitten von Süddeutschlands größtem Niedermoor liegt das Haus im Moos, eine Umweltbildungsstätte mit Ausstellungen und einem großen Freilichtmuseum, in dem Besucher die Besiedlungsgeschichte des einzigartigen Naturraumes erleben können.

NDH

NORDHAUSEN
Kreis: Nordhausen
Bundesland: **Thüringen**

Die Harzer Schmalspurbahn hat einen Bahnhof in Nordhausen und kann mit ein paar Superlativen aufwarten. Sie fährt den höchstgelegenen Schmalspurbahnhof auf 1025 m Höhe an, mit der Brockenbahn. Sie durchquert den einzigen Schmalspurtunnel Deutschlands und muss über die gesamte Strecke bis Wernigerode 400 Brücken und Durchlässe entlangschnaufen.

NEA

NEUSTADT AN DER AISCH
Kreis: Neustadt a. d. Aisch-Bad Winsheim
Bundesland: **Bayern**

Seit mehr als 1250 Jahren werden Aischgründer Spiegelkarpfen in den Teichen rund um Neustadt gezüchtet. Sie wurden an den fränkischen Königshöfen gegessen und gehörten fest zum Speiseplan der mittelalterlichen Klöster. Ein spezielles Karpfenmuseum erzählt deren Geschichte, es ist in den Räumen des ehemaligen Markgräflichen Schlosses untergebracht.

NE

NEUSS
Kreis: Rhein-Kreis Neuss
Bundesland: **Nordrhein-Westfalen**

Das Clemens-Sels-Museum gibt sich besondere Mühe, jungen Besuchern seine Meisterwerke nahezubringen. Individuelle Stöbertouren durch das Kunstmuseum werden ebenso angeboten wie Erlebnisführungen. Von vorgeschichtlicher Kunst über Expressionisten, Präraffaeliten und naive Künstler ist hier alles vertreten.

NEB

NEBRA
Kreis: Burgenlandkreis
Bundesland: **Sachsen-Anhalt**

Bei Nebra wurde die »Himmelsscheibe von Nebra« gefunden, eine mehr als 3600 Jahre alte Darstellung des nächtlichen Himmels und damit wahrscheinlich das älteste Abbild unseres Kosmos. Im Besucherzentrum »Arche Nebra«, das genau auf dem Fundort steht, erfährt man alles rund um die Himmelsscheibe.

NEC

NEUSTADT B. COBURG
Kreis/Stadt: Coburg
Bundesland: **Bayern**

Neustadt hat den Beinamen »Bayerische Puppenstadt«. In Neustadt hat die Spielzeugherstellung schon lange Tradition. Das »Museum der deutschen Spielzeugindustrie« dokumentiert über einen Zeitraum von ca. 250 Jahren die Geschichte der Spielzeugherstellung.

NES

BAD NEUSTADT AN DER SAALE
Kreis: Rhön-Grabfeld
Bundesland: **Bayern**

Die Stadt liegt mitten im Naturpark und Biosphärenreservat Bayerische Rhön im Dreiländereck von Bayern, Hessen und Thüringen. Ob Moor oder Urwald, Kalkmagerrasen oder Braunkohlestollen: Hier kann man eine abwechslungsreiche Landschaft entdecken und auch die berühmten schwarzköpfigen Rhönschafe sehen.

NEN

NEUNBURG VORM WALD
Kreis: Schwandorf
Bundesland: **Bayern**

Wer gerne nascht, ist in Neunburg vorm Wald gut aufgehoben: Es gibt einen Fabrikverkauf für Fruchtgummi, Weingummi und Lakritze und einen weiteren für alle, die lieber Salziges mögen. Dort kann man Knabbereien und Chips bekommen.

NEW

NEUSTADT AN DER WALDNAAB
Kreis: Neustadt an der Waldnaab
Bundesland: **Bayern**

In Millionen von Jahren durchnagte die Waldnaab das sie umschließende Granitmassiv und grub sich ihr idyllisches Flussbett. An ihrem Lauf liegen das Kloster Johannisthal oder Burg Falkenberg.

NF

NORDFRIESLAND
Kreis: Nordfriesland
Bundesland: **Schleswig-Holstein**

Es gibt 10 Halligen in Deutschland, sie alle liegen in Nordfriesland. Eine Hallig entsteht entweder durch Aufschwemmungen der Nordsee, oder sie ist das Reststück einer Insel, die während einer Sturmflut verschwunden ist. Die Wohnhäuser auf den Halligen stehen auf künstlich aufgeschütteten Hügeln, die man Warfen nennt. Sie sollen die Häuser vor Sturmfluten schützen. Die Hallig Gröde wird aber trotz eines zusätzlichen Deichs ca. 100-mal im Jahr überflutet.

NI

NIENBURG
Kreis: Nienburg/Weser
Bundesland: **Niedersachsen**

In Münchehagen gibt es einen Dinosaurier-Park, in dem man Saurier aus unterschiedlichen Zeiten und Lebensräumen – Land, Wasser, Luft – in 1:1-Modellen anschauen kann. Das Zeitfenster beginnt bei den Tieren aus dem Devon und endet bei denjenigen aus dem Quartär. Außerdem gibt es Versteinerungen von echten Dinosaurierspuren zu bestaunen.

NH

NEUHAUS AM RENNWEG
Kreis: Sonneberg
Bundesland: **Thüringen**

Einzigartig im Thüringer Wald ist die Holzkirche aus dem Jahr 1892 in Neuhaus, die auch das Wahrzeichen der Stadt ist. Geschützt wird das Holz der im gotischen Stil erbauten Kirche durch eine Schieferverkleidung. Die mit vielen Schnitzereien ausgestattete Kirche hat eine so gute Akustik, dass sie gerne für Konzerte genutzt wird.

NK

NEUNKIRCHEN
Kreis: Neunkirchen
Bundesland: **Saarland**

Läuft man den Brunnenpfad Hangard entlang, stößt man auf eine außergewöhnliche Felsformation, den sogenannten Zimmermannsfels. Er besteht aus Holzer Konglomerat, einer speziellen Gesteinsformation – daher der Name. Der Zimmermannsfels springt wie eine Kirchenkanzel vor. Angeblich predigte Pfarrer Zimmermann, der zwischen 1834 und 1877 tätig war, bei Waldgottesdiensten von dieser natürlichen Kanzel.

NM

NEUMARKT
Kreis: Neumarkt i. d. Oberpfalz
Bundesland: **Bayern**

Ein wertvoller Maybach – das ist heute eine große Seltenheit. Gleich mehr als ein Dutzend dieser bei Autofans beliebten Fahrzeuge kann man im Museum für historische Maybach-Fahrzeuge besichtigen. Die Faszination, die dieses spezielle Auto ausübt – im Museum wird bei einem Rundgang klar, warum.

NMS

NEUMÜNSTER
Stadt Neumünster
Bundesland: **Schleswig-Holstein**

Das Stadtwappen von Neumünster wurde 1930 neu gestaltet: Zu Schwan und Nesselblatt kam noch die Silhouette einer Fabrik dazu. Prägend waren für die Stadt vor allem die Tuch- und die Lederindustrie. Im Textilmuseum »Tuch + Technik« der Stadt kann man textile Funde aus den Mooren rund um Neumünster besichtigen und mittelalterliche Webstühle, die zum Teil noch funktionsfähig sind. Eine Seltenheit, die man nicht oft zu sehen bekommt.

NMB

NAUMBURG (SAALE)
Kreis: Burgenlandkreis
Bundesland: **Sachsen-Anhalt**

Der Naumburger Dom ist weit über die Grenzen Deutschlands hinaus bekannt. Der Kirchenbau ist klassisches Beispiel für den Baustil der Romanik am Übergang zur Gotik. Im Inneren hat der »Naumburger Meister«, ein Steinmetz und Bildhauer, dessen Namen man nicht kennt, lebensgroß die Stifter dargestellt.

NÖ

NÖRDLINGEN
Kreis: Donau-Ries
Bundesland: **Bayern**

Die Stadtmauer Nördlingens ist einzigartig in Deutschland: Sie ist noch komplett. Möchte man in die Stadt hinein, muss man durch eines der fünf Stadttore hindurch. Man kann aber auch an jedem der Tore auf die Mauer hinaufsteigen und dort oben die Stadt auf einem 2,7 Kilometer langen Weg einmal umrunden.

NOH

NORDHORN
Kreis: Grafschaft Bentheim
Bundesland: **Niedersachsen**

In der Gegend von Nordhorn kann man sich auf eine spannende Zeitreise begeben und zu einer Schmugglertour aufbrechen, so wie es die Bevölkerung dort jahrhundertelang getan hat. Geschmuggelt werden darf Schokolade, Kaffee oder eine Kuh ... Aber Achtung, die Zöllner lauern überall. Informationen gibt es beim Tourismusmarketing Grenzregion.

NOM

NORTHEIM
Kreis: Northeim
Bundesland: **Niedersachsen**

In Northeim gibt es ein verwunschenes Haus, und in diesem Haus residiert das »Theater der Nacht«. Dort kann man sich wunderschöne Puppenaufführungen ansehen, ganz klassische wie »Däumelinchen«, aber auch Neues und Unbekanntes. Im Haus mit dem Drachengiebel warten viele Überraschungen.

NOL

NIEDERSCHLESISCHE OBERLAUSITZ
Kreis: Görlitz
Bundesland: **Sachsen**

Die Niederschlesische Oberlausitz ist eine Region, in der viele bis heute bekannte Figuren aus Sagen ihren Ursprung haben. Krabat, der Zaubermeister, oder der Wassermann kommen von dort und stammen ursprünglich aus sorbischen Sagen. Die Sorben sind ein westslawisches Volk, das in der Oberlausitz zu Hause ist.

NOR

NORDEN
Kreis: Aurich
Bundesland: **Niedersachsen**

Norden ist die nordwestlichste Stadt Deutschlands. In der Ludgerikirche wird eine weltberühmte Orgel gespielt, die sogenannte Arp-Schnitger-Orgel. Arp Schnitger war im Barock ein bekannter Orgelbauer aus Hamburg. Die Orgel in Norden entstand in den Jahren 1686 und 1687 und wurde in den Jahren 1691 und 1692 erweitert. Sie hat 3110 Pfeifen.

NP

NEURUPPIN
Kreis: Ostprignitz-Ruppin
Bundesland: **Brandenburg**

Theodor Fontane wurde am 30. Dezember 1819 in Neuruppin geboren. Seinen Eltern gehörte die Löwen-Apotheke, die es bis heute gibt. Mit acht Jahren zog der Schriftsteller an die Ostsee nach Swinemünde, besuchte aber später noch einmal das Gymnasium in Neuruppin. Im Laufe seines Lebens kehrte er immer wieder in seine Geburtsstadt zurück.

NT

NÜRTINGEN
Kreis: Esslingen
Bundesland: **Baden-Württemberg**

Nürtingen liegt über dem Neckartal. Man hat eine weite Sicht über die Landschaft. Den frühen Siedlern war es möglich, von der Stadt aus den Neckarübergang zu kontrollieren. Deshalb findet man in der Umgebung Spuren, die Kelten und Römer hinterlassen haben. Hölderlin lebte während seiner Kinder- und Jugendjahre in Nürtingen und nach seiner psychischen Erkrankung. Die »Pflegschaftsakte Hölderlin« wird im Stadtarchiv aufbewahrt.

NR

NEUWIED
Kreis: Neuwied
Bundesland: **Rheinland-Pfalz**

Das Deutsche Flippermuseum in Neuwied zeigt über 150 Flipperautomaten, und auf beinahe allen darf man sogar spielen. Die ältesten Automaten stammen aus den 1930er-Jahren. Der Eintritt wird in D-Mark-Münzen umgewechselt, und los geht's!

NU

NEU-ULM
Kreis: Neu-Ulm
Bundesland: **Bayern**

Das Kindermuseum im Edwin Scharff Museum wurde 2009 eröffnet. Hier präsentiert sich ein völlig neues Konzept für Kulturgeschichte und Naturwissenschaften, das zum Anfassen, Mitmachen und Experimentieren einlädt. »Finger weg« gibt's hier nicht – das ist der Slogan des Museums.

NVP

NORDVORPOMMERN
Kreis: Vorpommern-Rügen
Bundesland:
Mecklenburg-Vorpommern

Zu Nordvorpommern gehört auch die Halbinsel Fischland-Darß-Zingst. Weil die Landschaft dort so außergewöhnlich schön ist, haben sich in Ahrenshoop im 19. Jahrhundert Landschaftsmaler niedergelassen, so entstand eine Künstlerkolonie. Bis heute leben Künstler in dem Ort. Natürlich gibt es viele Ateliers und Galerien.

In Damshagen gibt es ein Museum, das nichts anderes ausstellt als Muscheln, von ganz winzig bis ganz groß. Über 3000 Muscheln sind dort zu bestaunen. Die kleinste Muschel wiegt nur 3 Gramm, die größte, die sogenannte »Mördermuschel«, über 30 Kilogramm.

NWM

NORDWESTMECKLENBURG
Kreis: Nordwestmecklenburg
Bundesland:
Mecklenburg-Vorpommern

NW

(auslaufend)
NEUSTADT A. D. WEINSTRASSE
Stadt Neustadt an der Weinstraße
Bundesland: Rheinland-Pfalz

Das Hambacher Schloss wurde 1832 zur »Wiege der deutschen Demokratie« (Theodor Heuss). Im Vormärz war das Schloss der Ort, an dem eines der wichtigsten politischen Ereignisse stattfand: das Hambacher Fest, das als Geburtsstunde der Demokratie in Deutschland angesehen wird. Eine Ausstellung im Schloss erklärt anschaulich die damalige politische Situation.

Das Museum in Niesky ist das Haus des ersten Ortsvorstehers Johann Raschke. Es ist ein böhmisches Fachwerkhaus: 1742 kamen Flüchtlinge, die wegen ihres Glaubens in Böhmen verfolgt wurden, nach Niesky und legten dort den Grundstein für drei Häuser.

NY

NIESKY
Kreis: Görlitz
Bundesland: Sachsen

NZ

NEUSTRELITZ
Kreis: Mecklenburgische Seenplatte
Bundesland:
Mecklenburg-Vorpommern

Neustrelitz hat das »Neu« im Namen, weil es zuvor schon Strelitz gab, das aber 1712 durch einen Brand zerstört wurde. Der Bau einer neuen Residenzstadt war nötig geworden. Einzigartig in Europa ist die Anlage dieser am Reißbrett geplanten Stadt: vom quadratischen Marktplatz führen acht Straßen sternförmig weg.

OAL

OSTALLGÄU
Kreis: Ostallgäu
Bundesland: **Bayern**

Marktoberdorf ist eines der Zentren der Milchwirtschaft, das zeigen schon die vielen Kühe, die man überall auf den Wiesen sieht. Wer mehr über Milch und natürlich Allgäuer Bergkäse erfahren will, ist in der Sennerei Lehern an der richtigen Adresse. Der Käsemeister erzählt in der Schaukäserei Wissenswertes rund um das Gewerbe.

OA

OBERALLGÄU
Kreis: Oberallgäu
Bundesland: **Bayern**

In Deutschlands südlichster Stadt in Sonthofen ist »mini-mobil«, ein Verkehrsmuseum im kleinen Maßstab, zu Hause. Winzige Modelle geben Einblick in die Geschichte des Automobils, der Luft- und Raumfahrt, der Seefahrt und des Eisenbahnwesens. Glanzstück ist ein 80 m² großes Diorama der Stadt Paris mit dem Flughafen Orly.

OB

OBERHAUSEN
Stadt Oberhausen
Bundesland: **Nordrhein-Westfalen**

Seit 1988 ist der Gasometer, ein über 100 Meter hoher Turm, eine der ungewöhnlichsten Ausstellungshallen Europas. Mit einem gläsernen Fahrstuhl kann man bis in die Kuppel hinauffahren und das Überbleibsel aus der Bergbauzeit von oben betrachten.

OBB

OBERNBURG
Kreis: Mittenberg
Bundesland:
Bayern

Die Altstadt von Obernburg liegt auf einem Kastell, das 83/85 n. Chr. errichtet wurde. Die Mauern des Kastells sind das Fundament der Stadt. Die Römerstraße, die heute durch Obernburg führt, entspricht in ihrem Verlauf der Via Principalis, der ehemaligen Hauptstraße durch das Kastell und des Lagerdorfs.

OC

OSCHERSLEBEN
Kreis: Börde
Bundesland:
Sachsen-Anhalt

Die Motorsportarena in Oschersleben wird ganz unterschiedlich genutzt: Natürlich finden Motorrad und Autorennen auf der 3,667 bzw. 3,696 Kilometer lange Strecke statt. Regelmäßig kann man aber auch mit seinen Skates, Inlinern oder mit dem Fahrrad über die Strecke brausen. Und wer gar keinen fahrbaren Untersatz hat, kann zu Fuß die Strecke erkunden.

OCH

OCHSENFURT
Kreis: Würzburg
Bundesland: **Bayern**

Auf dem Satteldach des neuen Rathauses in Ochsenfurt, das 1513 fertiggestellt wurde, steht das Lanzentürmchen. Über der Uhr, auf der nicht nur die Uhrzeit, sondern auch der Mondstand und das Datum abgelesen werden können, kann man das Wappentier der Stadt sehen, den Ochsen.

OBG

OSTERBURG
Kreis: Stendal
Bundesland:
Sachsen-Anhalt

Im Norden Sachsen-Anhalts fließt ein 97 Kilometer langer Nebenfluss der Elbe, der drei Namen hat: Milde, Biese und Aland. Bei Osterburg gibt es eines der ganz wenigen Flussbäder Europas, das Biesebad: ein Schwimmbad, in dem der Besucher sogar Tretboot fahren darf.

OD

BAD OLDESLOE
Kreis: Storman
Bundesland:
Schleswig-Holstein

Das Schloss Ahrensburg ist ein Schloss für Kinder. Dort kann man als Spürnase seinen detektivischen 7. Sinn einsetzen. Man darf nach versteckten Wappen suchen, die Anzahl der Kerzen im Kronleuchter genau bestimmen oder zur Entspannung Märchen im Turmzimmer anhören.

OE

OLPE
Kreis: Olpe
Bundesland: **Nordrhein-Westfalen**

Hunderttausende steigen jedes Jahr in die Atta-Höhle (oder Attendorner Höhle), das größte zusammenhängende Höhlensystem Deutschlands, hinunter. Dort unten wartet eine farbenprächtige Welt von Stalaktiten, Stalagmiten und Stalagmaten, die teilweise durch Eisenoxid braun verfärbt sind.

OG

OFFENBURG
Kreis: Ortenaukreis
Bundesland: **Baden-Württemberg**

In Offenburg gibt es das sogenannte Salzhaus. Dort wogen die Salzmesser das Salz ab, das die Bürger erwerben wollten. Salz war sehr wichtig, weil es die Möglichkeit bot, Lebensmittel damit zu konservieren. Deshalb war es nur der Stadtobrigkeit erlaubt, Salz zu verkaufen. Die konnte somit den Preis bestimmen.

OF

OFFENBACH
Kreis: Offenbach
Bundesland: **Hessen**

In Offenbach gibt es integriert in das Ledermuseum ein Schuhmuseum. Dort werden Schuhe aus vielen Jahrhunderten und aus allen Erdteilen gezeigt. Man glaubt es kaum, wie unterschiedlich Schuhe sein können. Interessant ist es zu sehen, dass Schuhe immer auch etwas über die soziale Stellung ihres Trägers aussagen, und das gilt bis heute.

OH

OSTHOLSTEIN
Kreis: Ostholstein
Bundesland: **Schleswig-Holstein**

Im Kreis Eutin gibt es einen Baum, der eine eigene Postadresse hat: die Bräutigamseiche. Die Anschrift lautet: Bräutigamseiche, Dodauer Forst, 23701 Eutin/Germany. Unter dem Baum wurde eine Hochzeit gefeiert, die ihm seinen Namen gab. Das Paar, eine Försterstochter und ein Schokoladenfabrikant, die zunächst keine Erlaubnis für ihre Verbindung bekamen, tauschten über ein Astloch in der Eiche Briefe aus, bis sie schließlich heiraten durften.

OHA

OSTERODE AM HARZ
Kreis: Göttingen
Bundesland: **Niedersachsen**

1931 wurde im Sösetal ein Staudamm von 500 m Länge fertiggestellt. Die Sösetalsperre war damals die größte Trinkwassertalsperre Deutschlands. Der entstandene Stausee ist 3 km lang und dient bis heute der Trinkwasserversorgung, und zwar für Gebiete um Göttingen und um Hannover. Wassersport darf man auf dem Stausee nicht betreiben, aber Angeln ist erlaubt.

OHV

OBERHAVEL
Kreis: Oberhavel
Bundesland: **Brandenburg**

In der Stadt Fürstenberg kann man das Brandenburgische Forstmuseum besuchen. Dort gibt es eine Ausstellung über die Planung und Pflege des Waldes vor allem in der zweiten Hälfte des 20. Jahrhunderts.

ÖHR

ÖHRINGEN
Kreis: Hohenlohekreis
Bundesland: **Baden-Württemberg**

In Öhringen gab es eine Gräfin Anna-Magdalena, die sich mit Heilkräutern gut auskannte und wusste, dass gegen jedes Wehwehchen ein Kraut gewachsen ist. Die Dame erlangte durch ihr Wissen große Bekanntheit, deshalb legte man in Öhringen ihr zu Ehren einen wunderschönen Kräutergarten an.

OHZ

OSTERHOLZ
Kreis: Osterholz
Bundesland: **Niedersachsen**

Der Name Teufelsmoor hört sich gruselig an, allerdings kam der »Teufel« durch einen Übertragungsfehler in den Namen. Aus Duvesmoor, dem unfruchtbaren Moor, wurde Düwelsmoor, das Teufelsmoor. Aber egal ob Teufel oder nicht, von Mai bis Oktober kann man auf Torfkähnen über die Wasserstraßen fahren, die den historischen nachgebaut wurden.

OK

OHREKREIS
Kreis: Börde
Bundesland: Sachsen-Anhalt

Die Ziegelei Hundisburg ist ein technisches Denkmal. Bis heute werden in dem Betrieb sogenannte Handstrichziegel hergestellt. Von Hand wird der Ton in Ziegelformen gestrichen, dann luftgetrocknet und zum Schluss in einem Zick-Zack-Ofen gebrannt. Die Ziegel aus Hundisburg werden meist beim Restaurieren alter Häuser eingesetzt.

OP

OPLADEN
Stadt Leverkusen
Bundesland: Nordrhein-Westfalen

Bis zum 31. Dezember 1974 war Opladen Kreisstadt, dann wurde es zu einem Stadtteil Leverkusens. Umso stolzer sind die Opladener darauf, wieder ihr eigenes Kennzeichen zu haben. Doch nicht nur das: Auch der Bahnhof heißt nur Bahnhof Opladen und nicht Bahnhof Opladen-Leverkusen. Auf dem Opladener Frankenberg steht die Villa Römer, seit 1986 beherbergt sie das »Haus der Stadtgeschichte«.

OL

OLDENBURG
Kreis/Stadt: Oldenburg
Bundesland: Niedersachsen

Oldenburg hat die älteste durchgehend bestehende Sparkasse der Welt. Sie wurde 1786 von Großherzog Peter Friedrich Ludwig ins Leben gerufen. Er wollte den Menschen die Möglichkeit geben, ihr hart verdientes Geld an einem sicheren Ort zu verwahren und es zu sparen. 1913 wurde das Institut in »Landessparkasse zu Oldenburg« umbenannt.

OPR

OSTPRIGNITZ-RUPPIN
Kreis: Ostprignitz-Ruppin
Bundesland: Brandenburg

Der Wasserpark Ruppiner Land bietet über 170 Seen und über 2000 km verschlungene Wasserwege. Zusammen mit der Mecklenburgischen Seenplatte ist es das größte Wasserrevier Europas. Mit dem Boot lassen sich die Gewässer am besten erkunden.

OS

OSNABRÜCK
Kreis/Stadt: Osnabrück
Bundesland: **Niedersachsen**

In Osnabrück gibt es für alle Viertklässler immer einen ganz besonderen Tag im Oktober. Am Jahrestag des Westfälischen Friedens von 1648 dürfen sie auf Steckenpferden durch die Stadt reiten, um den Ritt der Friedensboten von damals zu symbolisieren. Die Tradition des Steckenpferdreitens besteht seit 1650, damals erbaten Kinder in Nürnberg von den Fürsten ein Friedensgedächtnis.

OVI

OBERVIECHTACH
Kreis: Schwandorf
Bundesland: **Bayern**

Bereits seit 1318 hat man im »Goldstück Bayerns« nach dem Edelmetall gesucht. Im Mittelalter kamen die Venezianer, die als Goldwäscher versuchten, in der Oberpfalz reich zu werden. Heute kann man nur noch winzig kleine Stückchen finden, bis zu 0,1 Millimeter groß. Trotzdem lohnt es sich, den Gold-Lehrpfad entlangzulaufen und sein Glück auszuloten.

OSL

OBERSPREEWALD-LAUSITZ
Kreis: Oberspreewald-Lausitz
Bundesland: **Brandenburg**

In Bad Lübbenau gibt es ein Schwimmbad, die Spreewelten, die mit einer Besonderheit aufwarten. In diesem Schwimmbad kann man, nur durch eine Glasscheibe getrennt, mit Humboldt-Pinguinen schwimmen. Die Tiere sind so neugierig, dass sie jeden Schwimmer an der Scheibe begrüßen und versuchen, mit ihm um die Wette zu schwimmen. Im Freigehege kann man die kleinen Frackträger an Land beobachten.

OVL

OBERVOGTLAND
Kreis: Vogtlandkreis
Bundesland: **Sachsen**

Der Weltcup-Zirkus der Skispringer macht immer wieder auch in der Vogtland-Arena halt. Doch die Schanze bietet nicht nur der Weltklasse gute Sprungmöglichkeiten. Sie wurde so konzipiert, dass sie schon im Jugend- und Juniorenbereich als Trainingsschanze genutzt werden kann.

OVP

OSTVORPOMMERN
Kreis: Ostvorpommern
Bundesland: **Mecklenburg-Vorpommern**

In Lubmin im Kreis Ostvorpommern stand ab 1967 ein Kernkraftwerk. Es sollte so weit ausgebaut werden, dass es ein Fünftel der DDR mit Energie hätte versorgen können. So weit kam es nie. 1995 wurde es stillgelegt. Seitdem hat ein Rückbauprojekt begonnen, das weltweit einmalig ist. Die Erfahrungen, die in Lubmin gemacht werden, können beim Ausstieg aus der Atomenergie überall von Nutzen sein.

OZ

OSCHATZ
Kreis: Nordsachsen
Bundesland: **Sachsen**

Das Waagenmuseum in Oschatz zeigt über 100 verschiedene Waagen: von kleinen Gold- und Münzwaagen bis hin zu einer großen Salzwaage. Eine Stuhlwaage, die dafür gedacht war, um schwache Personen im Sitzen wiegen zu können, wird heute noch einmal pro Jahr eingesetzt: Bürgermeister und Stadträte lassen sich in der letzten Sitzung des Jahres auswiegen und spenden danach je nach Leibesfülle für einen guten Zweck!

P

(auslaufend)
POTSDAM
Stadt Potsdam
Bundesland: **Brandenburg**

Potsdam ist ein wichtiger Teil der deutschen Filmindustrie, dort liegen die Filmstudios Babelsberg. Von 1911 an wurden dort Filme gedreht. Im Filmpark Babelsberg kann man einen Blick hinter die Kulissen werfen. In Potsdam liegt die berühmte Glienicker Brücke, über die zu Zeiten des Kalten Krieges die USA und die UdSSR ihre Agenten austauschten.

PA

PASSAU
Kreis/Stadt: Passau
Bundesland: **Bayern**

Die größte Orgel der Welt steht im Passauer Stephansdom. Fast 18 000 Pfeifen und mehr als 200 Register erklingen hier zur Ehre Gottes. Jeden Werktag um 12 Uhr kann man »Probe hören« und dabei die Atmosphäre in dem herrlichen barocken Kirchenraum auf sich wirken lassen.

PAF

PFAFFENHOFEN
Kreis: Pfaffenhofen an der Ilm
Bundesland: **Bayern**

Gleich bei Pfaffenhofen befand sich vor über 2000 Jahren in Manching eine der bedeutendsten keltischen Städte Europas. Das Kelten-Römer-Museum Manching präsentiert Funde der archäologischen Ausgrabungen und lässt den Alltag der damaligen Menschen packend miterleben.

PAN

PFARRKIRCHEN
Kreis: Rottal-Inn
Bundesland: **Bayern**

Das bäuerliche Leben vergangener Jahrhunderte wird im Freilichtmuseum Massing lebendig. Gezeigt wird, wie die Menschen in früheren Zeiten auf Bauernhöfen lebten und arbeiteten. Es gibt Ausstellungen zu Themen wie »Vorratshaltung und Ernährung früher«, »Hopfenbau« oder »Dekormalerei in Bauernhäusern«.

Im Naturkundemuseum kann man Heide, Wald, Moore und Sümpfe der Umgebung zusammen mit den jeweils typischen Tier- und Pflanzenarten entdecken. Man kann auch selbst – per Knopfdruck – aktiv werden. Mithilfe von Vergrößerungsgläsern kann man einzelne Objekte auch ganz genau unter die Lupe nehmen.

PB

PADERBORN
Kreis: Paderborn
Bundesland: **Nordrhein-Westfalen**

PAR

PARSBERG
Kreise: Kehlheim,
Neumarkt i. d. Oberpfalz
Bundesland: **Bayern**

Im Museum auf der Parsberger Burg hat man ein Zimmer dem Maler Otto Bachmaier (1909–1983) gewidmet. Otto Bachmaier sitzt darin als Wachsfigur und malt. Einige Museumsbesucher sind bei diesem Anblick schon erschrocken. Wenn es der Stadt möglich ist, versucht sie Werke des Künstlers anzukaufen.

Rund um Parchim gibt es viele Wind- und Wassermühlen. Einige von ihnen sind noch voll funktionsfähig, andere werden als Wohn- oder Gasthaus genutzt und wieder andere verfallen. Auf alle Fälle lohnt es sich, diese wunderschönen Bauwerke zu besuchen. Eine Liste gibt es auf der Website des Landkreises.

PCH

PARCHIM
Kreis: Ludwigslust-Parchim
Bundesland:
Mecklenburg-Vorpommern

PE

PEINE
Kreis: Peine
Bundesland: **Niedersachsen**

In Peine gibt es ein Schokoladenmuseum, das über den Anbau der Kakaopflanze informiert, historische Produktionsmethoden vorstellt oder über die Geschichte des Luxusgetränks Trinkschokolade berichtet. Und ganz klar: Naschkatzen kommen auch auf ihre Kosten.

PF

PFORZHEIM
Kreis/Stadt: Enzkreis/Pforzheim
Bundesland: **Baden-Württemberg**

Pforzheim ist die Pforte zum Schwarzwald. Berühmt ist es jedoch für seine Uhren- und Schmuckindustrie. 1767 wurde in der Stadt zum ersten Mal eine Manufaktur errichtet, in der beides gefertigt wurde.
Im Schmuckmuseum kann man Stücke aus fünf Jahrtausenden anschauen.

PEG

PEGNITZ
Kreise: Bayreuth, Forchheim, Nürnberger Land
Bundesland: **Bayern**

Die Fränkische Schweiz ist eine Karstlandschaft, in der es allerlei Wundersames zu beobachten gibt. Bei Pegnitz ist es das »Karstwunder Wasserberg«. Die Pegnitz umfließt den Wasserberg und braucht dafür ungefähr 15 Minuten. Der Mühlbach dagegen durchfließt den Wasserberg, der aus zerklüftetem Kalkstein besteht, und braucht dafür bei gleichem Gefälle 180 Minuten.

PI

PINNEBERG
Kreis: Pinneberg
Bundesland: **Schleswig-Holstein**

Im Kreis Pinneberg gibt es die kleinste Fähre Deutschlands. Sie verbindet Seester mit Kronsnest. Das Boot wurde aus Eichenholz nach seinem historischen Vorbild gebaut und bewegt sich durch eine Technik fort, die man Wriggen nennt. Wriggen ist der Fortbewegung einer venezianischen Gondel ähnlich. Radfahrern erspart die Fähre einen Weg von 20 km. An sonnigen Tagen fährt das Boot bis zu 80 Mal hin und her.

PIR

PIRNA

Kreis: Sächsische Schweiz-Ostererzgebirge
Bundesland: **Sachsen**

Pirna liegt an der Elbe und wird auch als Tor zur Sächsischen Schweiz, so heißt der deutsche Teil des Elbsandsteingebirges, bezeichnet. Hier kann man wandern gehen und dabei bizarre Felsformationen anschauen. Als besonders schön gilt der Malerweg. Er heißt so, weil viele Künstler die Ausblicke entlang des Wegs in ihren Bildern festhielten.

PLÖ

PLÖN

Kreis: Plön
Bundesland: **Schleswig-Holstein**

Das Schloss in Plön wurde viele Jahre als Internat genutzt und war für Besucher nicht zugänglich. Seit 2002 kann man es besichtigen. Das Schloss wurde von 1633 bis 1636 erbaut. Bei dem Rundgang kommt man durch ein Paradeschlafzimmer und den beeindruckenden Rittersaal mit seinen mächtigen Kronleuchtern. Joachim Ernst, der erste Herzog von Schleswig-Holstein-Sonderburg-Plön, ließ das dreiflügelige Schloss nach seinen Wünschen erbauen.

PL

PLAUEN

Kreis: Vogtlandkreis
Bundesland: **Sachsen**

In der Modebranche hat Plauen einen guten Ruf, steht die Stadt doch für höchste Qualität, wenn es um die Produktion von Spitze geht. Gerade in der Abend- und Hochzeitsmode wird Plauener Spitze gerne eingesetzt. Es wundert also nicht, dass es im alten Plauener Rathaus das einzige Spitzenmuseum Deutschlands gibt.

PM

POTSDAM-MITTELMARK

Kreis: Potsdam-Mittelmark
Bundesland: **Brandenburg**

Der Kreis Potsdam-Mittelmark ist eines der beliebtesten Ausflugsziele der Berliner. In diesem Kreis liegen wunderschöne Seen. Aber auch mit dem Boot kann man den Landkreis gut auf der Havel durchqueren. In Ruhlsdorf gibt es das Deutsche Schweinemuseum, das sich mit der Zucht von Schweinen und mit der Entwicklung vom Wildschwein zum Hausschwein beschäftigt.

PN

PÖSSNECK
Kreis: Saale-Orla-Kreis
Bundesland: **Thüringen**

Am Ortseingang von Pößneck steht ein Kunstwerk aus Stahl, ein 5 Meter hohes C. Das »C« steht für Courage. Kommt man daran vorbei, sollte man darüber nachdenken, was man selbst tun kann, um in unserer Gesellschaft couragiert zu handeln. Initiiert hat das Kunstwerk der Verein »Pößneck attraktiver«.

PRÜ

PRÜM
Kreis: Eifelkreis Bitburg-Prüm
Bundesland: **Rheinland-Pfalz**

Die St. Salvator Basilika hat eine lange Geschichte. Bereits 721 wurde ein erstes Kloster im Tal der Prüm gegründet. König Pippin, der etwas später ein größeres Kloster errichten ließ, schenkte der Abtei eine Reliquie, die zur damaligen Zeit eine der berühmtesten war: die Sandalen Christi.

PR

PRIGNITZ
Kreis: Prignitz
Bundesland: **Brandenburg**

Nordöstlich von Perleberg liegt das Königsgrab von Seddin. Die Anlage stammt aus der Jungbronzezeit und ist eines der bedeutendsten Bodendenkmäler.

In der Gegend um das Grab wurden Steine für Bauvorhaben abgebaut; so entdeckten Arbeiter 1899 zufällig das Grab und eröffneten es. Die Beigaben, die dem Toten in die Grabkammer mitgegeben wurden, waren u. a. ein Miniaturschwert, ein Meißel, ein Beil, ein Messer, ein Rasiermesser und eine Pinzette. Der Tote hatte wohl einen sehr hohen sozialen Status zu Lebzeiten, den man auch über seinen Tod hinaus zeigen wollte.

PS

PIRMASENS
Kreis/Stadt: Südwestpfalz/Pirmasens
Bundesland: **Rheinland-Pfalz**

Scherenschnitte sind so filigran, dass man sich manchmal gar nicht vorstellen kann, wie mit einer Schere so winzig kleine Papierfitzelchen ausgeschnitten werden können. Im Scherenschnittkabinett kann man Märchenszenen und Pfälzer Landschaften, in dieser Technik dargestellt, bewundern.

PW

PASEWALK
Kreis: Vorpommern-Greifswald
Bundesland:
Mecklenburg-Vorpommern

Der Pasewalk-Police-Phoenix ist ein Kunstwerk von Ernest Daetwyler. Er hat in Pasewalk und in dem knapp 50 Kilometer entfernten polnischen Police 30 Tonnen Kriegstrümmer gesammelt. Aus Betonsteinen, Ziegeln, Glas- und Porzellanscherben, Eisenteilen u. a. entstand eine 5 ½ Meter hohe Kugel, die begehbar ist.

Die drei Kreuze im Hof der Querfurter Burg standen früher unter einer Eiche im Park von Obhausen-Nikolai. An der Stelle soll eine Herzogin von Sachsen-Weißenfels-Querfurt mit ihrer Kutsche versunken und von den Bauern aus Obhausen gerade noch gerettet worden sein. Die Herzogin befreite die Bauern von allen Lehnsabgaben und stellte zum Dank die Kreuze auf.

QFT

QUERFURT
Kreis: Saalekreis
Bundesland: **Sachsen-Anhalt**

PZ

PRENZLAU
Kreis: Uckermark
Bundesland: **Brandenburg**

Der Prenzlauer Mitteltorturm stammt aus dem 15. Jahrhundert. Er diente den Türmen auf der Berliner Oberbaumbrücke, die über die Spree hinweg Kreuzberg mit dem Stadtteil Friedrichshain verbindet, als Vorbild. Auf seiner Spitze sitzt ein Adler mit einem goldenen Ring im Schnabel.

Quedlinburg ist eines der größten Flächendenkmale in Deutschland. Die historische Altstadt mit ihren Fachwerkhäusern und dem mittelalterlichen Stadtgrundriss nimmt 80 Hektar ein. Große Bedeutung hatte Quedlinburg für die ottonischen Herrscher im 10. Jahrhundert. Im Jahr 1994 wurde Quedlinburg zum UNESCO-Weltkulturerbe ernannt.

QLB

QUEDLINBURG
Kreis: Harz
Bundesland: **Sachsen-Anhalt**

R

REGENSBURG
Kreis/Stadt: Regensburg
Bundesland: **Bayern**

Die Steinerne Brücke ist neben dem Dom das bedeutendste Wahrzeichen der Stadt. Sie gilt als Meisterwerk mittelalterlicher Ingenieurkunst und verbindet zwei durch die Donau getrennte Stadtteile. Sie wurde vermutlich ab 1135 innerhalb von zehn Jahren gebaut, schon das Kreuzfahrerheer unter Ludwig VII. überquerte mit ihrer Hilfe die Donau. Heute ist sie für den Autoverkehr gesperrt.

RC

REICHENBACH
Kreis: Vogtlandkreis
Bundesland: **Sachsen**

»Die Neuberin«, Friederike Caroline Neuber, war Schauspielerin, Autorin und hatte eine eigene Theatertruppe, mit der sie durch deutsche Städte tourte. Sie war diejenige, die 1748 das erste Werk Lessings »Der junge Gelehrte« auf die Bühne brachte. Caroline Neuber, die 1697 in Reichenbach geboren wurde und 1760 bei Dresden starb, prägte die deutsche Theatertradition. In Reichenbach kann man das ihr gewidmete Neuberin-Museum besuchen.

RA

RASTATT
Kreis: Rastatt
Bundesland: **Baden-Württemberg**

Bei Schloss Rotenfels befindet sich das Unimog-Museum. Dort ganz in der Nähe – in Gaggenau – wurde der Unimog über 50 Jahre lang gefertigt. »Unimog« steht für Universal-Motor-Gerät. Im Museum kann man sich nicht nur über die Geschichte dieses Fahrzeugs informieren, sondern den Unimog selbst auf einem Parcours ausprobieren bzw. als Beifahrer seine Stärke erleben.

RD

RENDSBURG
Kreis: Rendsburg-Eckernförde
Bundesland: **Schleswig-Holstein**

In Nesseldorf gibt es einen Eselpark, in dem 100 Zuchtstuten und 12 Deckhengste leben. Mit ihnen werden verschiedene Eselrassen gezüchtet – vom Holsteiner Riesenesel bis hin zum Deutschen Zwergesel. Die Esel können besucht und gestreichelt werden. Außerdem gibt es die Möglichkeit, einen Ausflug mit der Eselkutsche zu machen. Und nebenbei lernt man auch noch ein bisschen dazu: z. B. dass der Esel anders als das Pferd kein Fluchttier ist.

RDG

RIBNITZ-DAMGARTEN
Kreis: Vorpommern-Rügen
Bundesland:
Mecklenburg-Vorpommern

Das erste deutsche Bernstein-Museum wurde im Kloster Ribnitz eingerichtet. Bernstein ist kein Stein, sondern fossiles Baumharz, Millionen Jahre alt. Das Harz ist durchsichtig. Dadurch kann man alles sehen, was darin eingeschlossen wurde, vom Skorpion über Lindenblüten bis hin zu Echsen. Im Museum gibt es Schmuck, Gerät und Wandvertäfelungen aus dem Material.

REG

REGEN
Kreis: Regen
Bundesland: **Bayern**

Traditionell wird im Bayerischen Wald Glas hergestellt. Einblicke in die Geschichte des Glases bietet ein modernes Museum in Frauenau. Vom Schmelzofen bis zum fertigen Glas – den ganzen Herstellungsprozess kann man hier begleiten und die Kulturgeschichte Europas anhand dieses Luxus- und Gebrauchsproduktes nachvollziehen.

RE

RECKLINGHAUSEN
Kreis: Recklinghausen
Bundesland: **Nordrhein-Westfalen**

Im Vestischen Museum ist die Abteilung über Naive Kunst empfehlenswert. Besonders originell sind die liebenswerten Plastiken des Bergmanns und Bildhauers Erich Bödeker. Die würde man am liebsten mit nach Hause nehmen!

REH

REHAU
Kreise: Hof,
Wunsiedel i. Fichtelgebirge
Bundesland: **Bayern**

Das Städtchen Rehau erlebte drei große Brände. 1817 wurde es unter dem Gesichtspunkt des Brandschutzes völlig neu aufgebaut und sollte als Modell für weitere Städte dienen. Dazu kam es allerdings nie. Die Stadt hat einen berühmten Sohn: Hans Vogt, den Erfinder des Tonfilms.

REI

BAD REICHENHALL
Kreis: Berchtesgadener Land
Bundesland: **Bayern**

Die einzige Seilbahn der Welt, die unter Denkmalschutz steht, ist die Predigtstuhlbahn, die auch die »Grande Dame« der Alpen genannt wird. Am 1. Juli 1928 nahm die Bahn ihren Betrieb auf. Zusammen mit der Tal- und Bergstation, die Wilhelm Kahrs im Stil der Neuen Sachlichkeit entwarf, ist die Bahn ein Gesamtkunstwerk, das zeigt, wie mondän die Kurstadt Bad Reichenhall war.

RH

ROTH
Kreis: Roth
Bundesland: **Bayern**

Auf 500 Quadratmetern erfährt man im Hopfen- und Biermuseum Spalt alles über die Hopfenpflanze, ihren Anbau, die Ernte, Trocknung und Vermarktung. Im Ort sieht man die hochgiebeligen Fachwerkhäuser mit oft fünf Trocknungsböden. Dort wurde der Hopfen früher getrocknet.

RG

RIESA-GROSSENHAIN
Kreis: Meißen
Bundesland: **Sachsen**

Der Barockgarten Zabeltitz wurde streng nach französischem Vorbild und ganz symmetrisch angelegt. Wunderschöne Alleen durchziehen ihn. Das große Teichsystem, das den gesamten Garten prägt, wird von der »Großen Röder« gespeist und über ein ausgeklügeltes Kanalsystem wieder in den Fluss zurückgeleitet.

RI

RINTELN
Kreis: Schaumburg
Bundesland: **Niedersachsen**

Im 16. und 17. Jahrhundert prägte die Weserrenaissance die Architektur der Häusern reicher Bürger, des Adels und natürlich auch der öffentlichen Bauten wie der Rathäuser. Die üppigen Verzierungen konnten die Bauherren sich leisten, weil Norddeutschland in der Zeit von ca. 1520 bis 1620 wirtschaftlich boomte. In Rinteln stehen besonders schöne Bauten in diesem Stil.

RIEDENBURG
Kreis: Kelheim
Bundesland: **Bayern**

Burg Prunn ist die besterhaltene Ritterburg Bayerns und sie sieht aus wie das Idealbild einer Ritterburg. Die Burg entstand in der Zeit um 1200 und verlor dank ihrer perfekten Lage an mehreren Handelswegen nie an Bedeutung. 1566 fand der Geschichtsschreiber Wiguläus Hund auf der Burg den »Prunner Codex«, die viertälteste Handschrift des Nibelungenliedes.

RIESA
Kreis: Meißen
Bundesland: **Sachsen**

Riesa, die Sportstadt, ermöglicht jungen Sporttalenten, ihren Bildungsweg vom Kindergarten bis zu weiterführenden Schulen an Einrichtungen mit sportlichem Profil zu machen. Das lohnt sich, immer wieder schaffen es Sportler aus Riesa in internationalen Wettbewerben auf die vordersten Plätze. Viele internationale Wettbewerbe finden ebenfalls vor Ort statt.

ROCHLITZ
Kreis: Mittelsachsen
Bundesland: **Sachsen**

Schloss Rochlitz erhebt sich über die Zwickauer Mulde. Das Schloss hat zwei Türme, die vom Volksmund einen Namen bekommen haben: lichte Jupe und finstere Jupe. Die beiden Türme lassen das Schloss fast wie einen Kirchenbau erscheinen. In der »finsteren Jupe« war einst die Folterkammer, die »lichte Jupe« kann man heute besteigen.

RÖBEL (MÜRITZ)
Kreis: Mecklenburgische Seenplatte
Bundesland:
Mecklenburg-Vorpommern

Röbel liegt an der Müritz, dem größten Binnensee Deutschlands. Müritz leitet sich von dem slawischen Wort »morcze« ab und bedeutet »Kleines Meer«. In Röbel befindet sich der »bunte Hafen am kleinen Meer«. Ab 1840 diente er 130 Jahre lang dem Verladen diverser Güter, bis heute spielt er eine Rolle im Personenverkehr.

D RN

RATHENOW
Kreis: Havelland
Bundesland: **Brandenburg**

Rathenow, Stadt der Optik, ist Standort für viele Betriebe, die sich auf den Bereich Augenoptik spezialisiert haben. Es ist also nicht verwunderlich, dass es dort einen Optikpark gibt: In diesem Park steht das weltgrößte Brachymedial-Fernrohr, ein Fernrohr, bei dem Verzerrungen und Farbabweichungen durch ein System aus Spiegeln und Linsen korrigiert werden.

D ROD

RODING
Kreise: Cham, Schwandorf
Bundesland: **Bayern**

Von 1909 bis 2000 wurde in Roding Kalksandstein produziert. Kalksandstein hat gegenüber Naturstein den Vorteil, dass er genau nach Kundenwünschen gefertigt werden kann: Verschiedene Farben können dem eigentlich grauen Gemisch beigegeben werden oder auch organisches Material. Das ist wichtig, wenn die Steine sichtbar vermauert werden. Das Rodinger Kalksandsteinwerk ist ein Industriedenkmal.

D RO

ROSENHEIM
Kreis/Stadt: Rosenheim
Bundesland: **Bayern**

Das kulturelle Herz von Rosenheim ist eine alte Lokomotiven-Remise, die 1988 zum Schmuckstück ausgebaut wurde. Im Lokschuppen, einem der schönsten Ausstellungszentren in Bayern, finden ständig Landes- und Sonderausstellungen statt, in deren Konzept Wissenschaft und Gestaltung zu einem immer wieder atemberaubenden Gesamtkunstwerk verschmelzen.

D ROF

ROTENBURG (FULDA)
Kreis: Hersfeld-Rotenburg
Bundesland: **Hessen**

Die Fulda durchfließt Rotenburg und trennt seit der Stadtgründung die Neu- von der Altstadt. Vor fast 400 Jahren wurde eine Wehr- und Schleusenanlage errichtet. Sie erinnert daran, dass die Fulda früher, als die Straßen noch nicht so gut ausgebaut waren, ein wichtiger Handelsweg war. Doch nicht nur das: Tiere wurden am Fluss getränkt und bei Bränden diente das Wasser als Löschwasser.

ROK

ROCKENHAUSEN
Kreis: Donnersbergkreis
Bundesland: **Rheinland-Pfalz**

Es gibt ein »Museum für Zeit« oder Pfälzisches Turmuhrenmuseum. In diesem Museum werden nicht nur Turmuhren gezeigt, es gibt noch eine weitere Attraktion: ein Carillon. Das ist in diesem Fall ein Glockenspiel mit 37 Glocken. Es spielt mechanisch täglich viermal. Während eines jährlich sattfindenden internationalen Carillonisten-Treffens wird es von Hand bedient.

ROS

ROSTOCK
Kreis: Rostock
Bundesland: **Mecklenburg-Vorpommern**

In der Nähe von Kühlungsborn gibt es in Bastorf den Leuchtturm Buk. Erbaut wurde er 1876. Der höchstgelegene Leuchtturm Deutschlands ist nur 20,8 m hoch. Hat man die 55 Stufen nach oben erklommen, wird man mit einem fantastischen Rundblick belohnt, bei klarem Wetter kann man sogar die Insel Fehmarn sehen.

ROL

ROTTENBURG (LAABER)
Kreise: Kelheim, Landshut
Bundesland: **Bayern**

Im Binder-Pehr-Haus kann eine alte Fassbinderei genau in den Räumen besichtigt werden, in denen sie immer existierte. Fassbinder, die auch Küfer oder Böttcher genannt werden, gab es früher häufiger. Heute ist der Beruf fast ausgestorben, umso begehrter sind die Handwerker, denn Flüssigkeiten werden immer noch gerne in Fässern verwahrt.

ROT

ROTHENBURG OB DER TAUBER
Kreis: Ansbach
Bundesland: **Bayern**

In Rothenburg gibt es den Georgs-, den Johannis-, den Röder-, den Seel- und den Herrnbrunnen. Auf Letzterem ist eine Meerjungfrau mit goldener Krone und zwei Fischschwänzen zu sehen. Wasser spuckt sie seit dem Jahr 1595. Früher fand rund um den Brunnen herum der Viehmarkt statt.

D ROW

ROTENBURG (WÜMME)
Kreis: Rotenburg (Wümme)
Bundesland: **Niedersachsen**

In Rotenburg gibt es einen Lügenstein, an dem früher das »Hochnotpeinliche Halsgericht« abgehalten wurde. Worum es bei diesen Verhandlungen ging? Um den Hals der Angeklagten, also um Leben und Tod. Angeklagt waren unerwünschte Menschen, z. B. Frauen, die als Hexen angesehen wurden.

D RS

REMSCHEID
Stadt Remscheid
Bundesland: **Nordrhein-Westfalen**

Im Deutschen Werkzeugmuseum gibt's eine umfangreiche technik-, sozial- und kulturgeschichtliche Sammlung von Werkzeugen zu sehen. Von der Steinzeit bis zum 21. Jahrhundert – hier ist alles vertreten. Historische Filmaufnahmen zeigen die Geräte im Gebrauch.

D RP

RHEIN-PFALZ
Kreis: Rhein-Pfalz-Kreis
Bundesland: **Rheinland-Pfalz**

Dieser Kreis wird auch der Gemüsegarten Deutschlands genannt. Kein Wunder: Das Klima im Rheingraben ist so mild, dass im Winter kaum Schnee fällt und das gesamte Jahr über der Niederschlag unter 500 ml liegt, dafür scheint die Sonne umso mehr. Bewässert wird das Gemüse mit Altwasser aus dem Rhein.

D RSL

ROSSLAU (ELBE)
Stadt Dessau-Roßlau
Bundesland: **Sachsen-Anhalt**

Roßlau, an der Elbe gelegen, war lange Jahre eine Schifferstadt. Seit 1439 kann man nachweisen, dass dort Waren auf Schiffe umgeschlagen wurden. Um 1900 lebte ein Drittel der Roßlauer Bevölkerung vom Binnenhafen und vom Schiffbau. Die größte Binnenwerft Europas war damals in Roßlau angesiedelt.

D RT

REUTLINGEN

Kreis: Reutlingen

Bundesland: **Baden-Württemberg**

In Reutlingen gibt es die engste Straße der Welt – so steht es im Guinness Buch der Rekorde. An der engsten Stelle ist sie nur 31 cm breit. Das Sträßchen heißt Spreuerhofgasse, weil sie ursprünglich dem Reutlinger Spital als Getreidelager diente.

D RÜD

RÜDESHEIM

Kreis: Rheingau-Taunus-Kreis

Bundesland: **Hessen**

In der Adlerwarte Niederwald werden verletzte Greifvögel und Eulen gesund gepflegt und dann wieder in der freien Wildbahn ausgesetzt. Uhus werden dort gezüchtet, um die stark dezimierten Bestände wieder anwachsen zu lassen. In der Adlerwarte kann man 25 verschiedene Arten von Greifvögeln kennenlernen.

D RU

RUDOLSTADT

Kreis: Saalfeld-Rudolstadt

Bundesland: **Thüringen**

In Rudolstadt lernte Schiller seine spätere Frau Charlotte von Lengefeld kennen. Darüber hinaus verliebte er sich in die Landschaft. Die sogenannte Schillershöhe ist ein Buntsandsteinfels über der Saale, auf den der große Autor wohl öfter stieg. Seit 1830 gibt es an dem Felsen eine Schillerbüste.

D RÜG

RÜGEN

Kreis: Vorpommern-Rügen

Bundesland: **Mecklenburg-Vorpommern**

Rügen ist eine Ferieninsel, und sie hält den Rekord, Deutschlands größte Insel zu sein. Allein 53 Häfen gibt es an der 574 Kilometer langen Küste. Bekannt ist die Insel neben der vielen Sonnenstunden und der schönen Badestrände auch für die wunderschönen Alleen, die sie wie grüne Tunnels durchziehen.

D RV

RAVENSBURG
Kreis: Ravensburg
Bundesland: **Baden-Württemberg**

Ravensburg wird auch die Stadt der Türme und Tore genannt. Mehr als zwölf bestimmen das Stadtbild. Das Wahrzeichen der Stadt ist der sogenannte Mehlsack. Er wurde um 1425 erbaut und wird so genannt, weil er rund und weiß ist. Den Namen hat der Turm etwa seit dem 16. Jahrhundert. Er und der Blaserturm können bestiegen werden.

D RZ

RATZEBURG
Kreis: Herzogtum Lauenburg
Bundesland: **Schleswig-Holstein**

Im Kreis gibt es eine historische Eisenbahnstrecke zwischen Geesthacht und Bergedorf. Im Dezember 1906 wurde die Strecke eröffnet. Zunächst beförderte die Bahn 24 000 Personen täglich und 1700 t Güter. Nach dem Zweiten Weltkrieg verlor die Bahn schnell an Bedeutung für die Region, sodass sie 1953 eingestellt wurde. Heute fahren verschiedene historische Züge auf der Strecke. Zu den bekanntesten Lokomotiven gehört Karoline, eine Dampflok, die ab 1930 auf Rangierbahnhöfen eingesetzt wurde.

D RW

ROTTWEIL
Kreis: Rottweil
Bundesland: **Baden-Württemberg**

Rottweil ist die älteste Stadt Baden-Württembergs und sie hat einer Hunderasse ihren Namen gegeben: den Rottweilern. Die Stadt war ein Viehhandelszentrum. Für die Herden, die von Rottweil loszogen, brauchte man zuverlässige Hütehunde, die ebenfalls in der Stadt gezüchtet wurden. Wahrscheinlich bekamen die Hunde zunächst außerhalb der Stadt den Namen Rottweiler.

D S

STUTTGART
Stadt Stuttgart
Bundesland: **Baden-Württemberg**

1927 entstand in Stuttgart die Weißenhofsiedlung im Rahmen einer Bauausstellung. Viele Architekten sandten ihre Vorschläge zum modernen und urbanen Wohnen ein. Gropius, Le Corbusier oder Mies van der Rohe waren unter ihnen, alles Architekten, die heute zu den besten der modernen Architektur gezählt werden. Einmalig ist, dass auf so engem Raum so viele Häuser großer Architekturstars stehen.

SAB

SAARBURG
Kreis: Trier-Saarburg
Bundesland: **Rheinland-Pfalz**

Ursprünglich umfloss die Leuk Saarburg. Sie war der Zufluss für die Fischteiche außerhalb der Stadt. Um ausreichend Löschwasser in der Stadt zu haben, lenkte man den Fluss im 13. Jahrhundert um. Läuft man heute entlang der Leuk durch Saarburg, dann hört man schon von Weitem einen tosenden Wasserfall. Über 17 Meter stürzt das Wasser mitten in der Stadt in Kaskaden hinab.

SAN

STADTSTEINACH
Kreise: Hof, Kronach, Kulmbach
Bundesland: **Bayern**

Die Grünbürg bei Stadtsteinach bietet immer noch das Rätsel ihrer Entstehungszeit: Die Wallburg, die auf einer Kuppe über Stadtsteinach liegt, war eine Fliehburg. Fliehburgen sind Burgen, die nur bei Kriegsgefahr bezogen wurden. Heute kann man von der Grünbürg immer noch drei Ringwälle sehen. Im Moment geht man davon aus, dass sie im 8. bis 10. Jahrhundert entstand, ganz gesichert ist das aber noch nicht.

SAD

SCHWANDORF
Kreis: Schwandorf
Bundesland: **Bayern**

Weit über 100 Felsenkellerräume im Hang des Schwandorfer Berges sind heute noch Zeugnis vom früheren blühenden Brauwesen in der Stadt. Im Zweiten Weltkrieg als Luftschutzbunker genutzt, finden in den Labyrinthen ausgedehnte Führungen und kulturelle Veranstaltungen statt.

SAW

SALZWEDEL
Kreis: Altmarkkreis Salzwedel
Bundesland: **Sachsen-Anhalt**

Aus Salzwedel kommt ein berühmter Kuchen, der nach seinem Aussehen Baumkuchen heißt. Dieser Kuchen wird in dünnen Ringen an einer offenen Flamme gebacken, sodass er, schneidet man ihn auf, ähnliche Ringe zeigt wie die Jahresringe eines Baumes. Übrigens schmeckt er auch ganz köstlich.

SB

SAARBRÜCKEN
Kreis: Regionalverband Saarbrücken
Bundesland: **Saarland**

Das Theater Überzwerg wurde 1978 gegründet. Mittlerweile ist es das größte Kinder- und Jugendtheater im Saarland und in Rheinland-Pfalz. Hier sieht man Stücke, die Spaß machen, und wird im Kinder- bzw. Jugendclub gefördert und gefordert.

SBK

SCHÖNEBECK
Kreis: Salzlandkreis
Bundesland: **Sachsen-Anhalt**

In Schönebeck/Bad Salzelmen gibt es das älteste Solebad Deutschlands. Doch die Stadt lebt schon viel länger vom »weißen Gold«, wie Salz auch genannt wird. Schon im 12. Jahrhundert förderte man die Sole zutage. Im 18. Jahrhundert erbaute man ein 1837 Meter langes Gradierwerk im Ort, das größte jemals gebaute.

SBG

STRASBURG
Kreis: Vorpommern-Greifswald
Bundesland:
Mecklenburg-Vorpommern

Strasburg ist die einzige uckermärkische Stadt in Mecklenburg-Vorpommern. Die Uckermark hat ihren Namen von den Ukranen, die sie vom 7. bis zum 12. Jahrhundert bewohnten. Die Uckermark ist durchzogen von Seen und Buchenwäldern und war bereits im Mittelalter eine wirtschaftlich erfolgreiche Region.

SC

(auslaufend)
SCHWABACH
Stadt Schwabach
Bundesland: **Bayern**

Die Firma Fleischmann ist neben Märklin und Roco einer der weltgrößten Anbieter von Modelleisenbahnen. Im Stadtmuseum kann man eine große Sammlung von Spielwaren dieser Firma ansehen. Natürlich gibt's noch mehr Sehenswertes zu Handwerk, Zunft und Gewerbe in Bayerns kleinster kreisfreier Stadt.

SCZ

SCHLEIZ
Kreis: Saale-Orla-Kreis
Bundesland: **Thüringen**

In Schleiz gibt es die älteste Naturrennstrecke Deutschlands, das Schleizer Dreieck. Seit Juni 1923 ist die Strecke in Betrieb und hat vom Formel-III-Rennen bis hin zu den Ostblock-Meisterschaften viele große Rennen erlebt. Eine Besonderheit dieser Strecke ist: Es wird gegen den Uhrzeigersinn gefahren!

In Stendal wurde 1717 Johann Joachim Winckelmann geboren, der Begründer der wissenschaftlichen Archäologie. Deshalb gibt es dort auch eine Winckelmann-Gesellschaft, die ein Kindermuseum betreibt. Dort kann man an einem Archäologen-Camp teilnehmen und ein Skelett ausgraben. Oder man besteigt das riesige Trojanische Pferd und genießt den Blick über die Landschaft.

SDL

STENDAL
Kreis: Stendal
Bundesland: **Sachsen-Anhalt**

SDH

SONDERSHAUSEN
Kreis: Kyffhäuserkreis
Bundesland: **Thüringen**

In Sondershausen gibt es das 1709 fertiggestellte Achteckhaus. Vom Keller aus wurde eine drehbare Fußbodenscheibe mit 14 Metern Durchmesser angetrieben, sodass sie sich drehte wie ein Karussell. Das Haus diente vor allen Dingen den Vergnügungen der fürstlichen Familie und ihrer Hofgesellschaft.

Der Berlischky-Pavillon ist ein Überrest der ehemaligen Barockbebauung in Schleiz. Er wurde nach seinem Erbauer benannt und als Kirche genutzt. Der ovale Grundriss lässt den Pavillon von außen klein erscheinen, das täuscht allerdings bei einer Länge von 15,50 Metern und einer Breite von 10,80 Metern.

SDT

SCHWEDT (ODER)
Kreis: Uckermark
Bundesland: **Brandenburg**

SE

BAD SEGEBERG
Kreis: Segeberg
Bundesland: **Schleswig-Holstein**

Schon über 60 Mal haben in Bad Segeberg die Karl-May-Festspiele stattgefunden. 1952 entschied man in Bad Segeberg, dass man auf der dortigen Freilichtbühne von Juni bis September Stoffe von Karl May aufführen möchte. Egal ob »Winnetou«, »Halbblut« oder »Schatz im Silbersee«: Vor der Felsenkulisse erlebt man die Stücke, als ob man selbst an dem Indianerüberfall teilnimmt.

SEE

SEELOW
Kreis: Märkisch-Oderland
Bundesland: **Brandenburg**

Gegen Ende des Zweiten Weltkriegs fand auf den Seelower Höhen eine der größten Schlachten zwischen der Roten Armee und der Wehrmacht statt. Am 13. April 1991 wurde auf den Höhen ein Friedenswald angepflanzt, im Gedenken an getötete Soldaten und Zivilisten und als Mahnmal gegen den Krieg und für Verständigung. Vom Krugberg, auf dem Plastiken des ersten europäischen Skulpturensymposions stehen, hat man einen guten Blick auf den Friedenswald.

SEB

SEBNITZ
Kreis: Sächsische Schweiz-Osterzgebirge
Bundesland: **Sachsen**

Wenn in Sebnitz »geblümelt« wird, dann werden Seidenblumen hergestellt. In der »Deutschen Kunstblume« werden seit 1834 Blumen gefertigt, die niemals welken. Um 1800 waren Seidenblumen groß in Mode: Hüte, aber auch Kleidungsstücke wurden mit Kunstblumen garniert und üppige (Kunst-) Blumengestecke standen in den Häusern. Bis zu 15 000 Menschen lebten von der Herstellung.

SEF

SCHEINFELD
Kreis: Neustadt a. d. Aisch-Bad Windsheim
Bundesland: **Bayern**

Jeweils am dritten Sonntag im Oktober findet in Scheinfeld der »Holztag« statt. Die Holzwirtschaft war schon immer eine bedeutende Einkommensquelle in Scheinfeld und der Steigerwald hat eine besondere und vielfältige Waldflora und -fauna. Jedes Jahr wird ein »Jahresbaum«, also ein Baum, der zum Baum des Jahres gekürt wurde, gepflanzt, so – dass allmählich eine »Jahresbaumallee« entsteht.

SEL

SELB
Kreis: Wunsiedel i. Fichtelgebirge
Bundesland: **Bayern**

Ein großer Brand im März 1856 stellt einen markanten Einschnitt in der Geschichte der Stadt Selb dar. Über 3000 Menschen verloren ihr Zuhause und ihr gesamtes Hab und Gut. Ein Jahr nach dieser Katastrophe gründete Lorenz Hutschenreuther die erste Porzellanfabrik in Selb. Damit begann eine wirtschaftlich höchst erfolgreiche Zeit. Teilweise kam aus Selb die Hälfte der deutschen Porzellanproduktion.

SFT

STASSFURT
Kreis: Salzlandkreis
Bundesland: **Sachsen-Anhalt**

In einem Halbrundlokschuppen von 1900 kann man 24 verschiedene Lokomotiven besichtigen: Schneepflüge und Dampfschneeschleuder, historische Personen-, Güter-, Bahndienst- und Gepäckwagen und natürlich Dampf-, Diesel- und Elektroloks. Die Anlage ist denkmalgeschützt und wird von einem Verein betrieben.

SFB

SENFTENBERG
Kreis: Oberspreewald-Lausitz
Bundesland: **Brandenburg**

Um die sächsischen Grenzen zu sichern, wurde im 16. Jahrhundert im brandenburgischen Senftenberg eine Festung erbaut. Bis heute ist sie von einem mächtigen Erdwall umgeben. In der Festung kann man Geheimgänge und einen Pulverturm entdecken sowie ein Festungsportal, das so geschickt geplant ist, dass die Festung beinahe uneinnehmbar war!

SG

SOLINGEN
Stadt Solingen
Bundesland: **Nordrhein-Westfalen**

Solingen war früher bekannt für seine Stahlwaren in Form von Messern und Scheren. Weil sie so hochwertig waren, gelangten sie zu Weltruf. Im Deutschen Klingenmuseum kann man Klingen von der Bronzezeit bis in die Gegenwart betrachten. Schneidig, schneidig!

SGH

SANGERHAUSEN
Kreis: Mansfeld-Südharz
Bundesland: **Sachsen-Anhalt**

In Sangerhausen ist das Europa-Rosarium zu Hause, die weltgrößte Rosensammlung mit 8600 verschiedenen Rosensorten. Sie dient als Genbank und als lebendes Museum. Man kann alle Entwicklungsstufen der Rosen von der Wildrose über die historischen Sorten bis hin zu neuesten Züchtungen sehen und an ihnen schnuppern. Auch Rosensorten, die vom Aussterben bedroht sind, werden dort gepflegt und ausgestellt.

Max und Moritz die zwei Bösewichte, wer kennt sie nicht? Die beiden wurden in Wiedensahl im Landkreis Schaumburg erfunden. Dort lebte ihr Schöpfer Wilhelm Busch über 40 Jahre. Und dort zeichnete und schrieb er die berühmte Bildergeschichte.

SHG

SCHAUMBURG
Kreis: Schaumburg
Bundesland: **Niedersachsen**

SHA

SCHWÄBISCH HALL
Kreis: Schwäbisch Hall
Bundesland: **Baden-Württemberg**

Im Hohenloher Freilandmuseum gibt es über 70 Häuser: Bauernhäuser, Scheunen, Mühlen, Keltern, Forsthaus, Kapelle und Schule. Erleben kann man dort, wie das Leben früher, ohne elektrischen Strom oder Zentralheizung, ohne Fernseher, Radio und PC, funktioniert hat.

Vor dem Rathaus in Eisenberg steht seit 1727 der sogenannte Mohrenbrunnen. Der Mohr hat verbundene Augen und hält ein Trinkgefäß in der Hand. Er soll – laut Sage – eine goldene Kette gestohlen haben. Obwohl der Mohr seine Unschuld beteuerte, wollte sein Lehnsherr ihn hinrichten lassen. Die Kette fand sich in letzter Minute in einem Gebetbuch. Als Wiedergutmachung wurde der Mohr ins Wappen der Stadt aufgenommen.

SHK

SAALE-HOLZLAND-KREIS
Kreis: Saale-Holzland-Kreis
Bundesland: **Thüringen**

(auslaufend)
SUHL
Stadt Suhl
Bundesland: **Thüringen**

In Suhl gibt es die einzige Berufsfachschule für Büchsenmacher. Die Ausbildungszeit beträgt drei Jahre. Als Geselle kann man Jagdwaffen reparieren, aber auch selbst Waffen herstellen. Der Beruf ist anspruchsvoll, weil der Büchsenmacher mit ganz unterschiedlichen Werkstoffen arbeitet.

Hoch über der Donau erstrahlt das Schloss Sigmaringen. Hier kann man die fast tausendjährige Geschichte des Schlosses bei einer Führung erkunden. Besonderheit ist die große Waffensammlung mit fast 3000 Exponaten.

SIGMARINGEN
Kreis: Sigmaringen
Bundesland: **Baden-Württemberg**

SIEGEN
Kreis: Siegen-Wittgenstein
Bundesland: **Nordrhein-Westfalen**

Ob Elefanten- oder Kuhglocken, Schiffs- oder Alarmglocken, Messglöckchen oder monumentale Kirchturmglocken: Was bimmelt und tönt, ist hier seit 1959 vertreten. Mehr als 2300 Glocken sind im Glockenmuseum Eiserfeld inzwischen zusammengekommen.

Der antike Name von Boppard lautet Baudobriga. Er wurde dem Ort von den Kelten verliehen. Durch Cäsars Eroberungspolitik gelangte Boppard unter den Einfluss Roms. Mauerteile der römischen Festungsanlage Bodobrica kann man heute noch sehen.

SIMMERN
Kreis: Rhein-Hunsrück-Kreis
Bundesland: **Rheinland-Pfalz**

SK

SAALEKREIS
Kreis: Saalekreis
Bundesland: **Sachsen-Anhalt**

Am Petersberg gibt es eine Sommerrodelbahn, die 700 m lang ist und einen Höhenunterschied von 35 m überwindet. Der Rodel muss durch einen Kreisel sausen und sieben Steilkurven meistern, bevor er ausläuft. Wer will, kann seine Streckenzeit nehmen lassen und sich mit dem Rest der Familie messen.

SLE

SCHLEIDEN
Kreise: Düren, Euskirchen
Bundesland: **Nordrhein-Westfalen**

In Schleiden lohnt sich ein Besuch der Schlosskirche: Zu sehen gibt es sehr wertvolle und noch im Original erhaltene Fenster aus dem Jahr 1535, die christliche Motive und die Stifter der Fenster zeigen. Sybilla von Hohenzollern ruht in einem schwarzen Marmorsarkophag in dieser Kirche und eine prunkvolle Rokoko-Orgel sorgt während der Gottesdienste für die musikalische Untermalung.

SL

SCHLESWIG
Kreis: Schleswig-Flensburg
Bundesland: **Schleswig-Holstein**

Ursprünglich siedelten im Kreis Schleswig die Wikinger. Sie hatten dort ein besonders wichtiges Handelszentrum, das bereits vor über 1000 Jahren gegründet wurde und im 11. Jahrhundert komplett zerstört wurde. Die Bürger von Schleswig feiern aber bis heute alle zwei Jahre ein großes Wikingerfest, das an Haithabu erinnern soll. So hieß die Siedlung. Im Wikinger-Museum Haithabu kann man das Leben der Wikinger kennenlernen.

SLF

SAALFELD
Kreis: Saalfeld-Rudolstadt
Bundesland: **Thüringen**

Ein ehemaliges Alaunschieferbergwerk trägt heute den Namen Feengrotte. Die Tropfsteine, die man dort bewundern kann, gelten als die farbenreichsten der Welt. Unter Tage gibt es einen sprechenden Stein und auch Regen. Die Tropfsteine sind allerdings so zart, dass man sie nur aus der Ferne betrachten darf.

SLK

SALZLANDKREIS
Kreis: Salzlandkreis
Bundesland: **Sachsen-Anhalt**

In Calbe an der Saale steht ein Stahlschnitt, der eine Fischergruppe darstellt. Geschaffen wurde das Werk 2004 von dem Künstler Otto Plönnies. Jahrhundertelang lebten die Einwohner vom Fischfang und vom Ackerbau. Die Region um Calbe ist berühmt für den Zwiebelanbau, der bis ins 16. Jahrhundert zurückgeht. Jedes Jahr im September wird das traditionelle Bollenfest gefeiert. »Bolle« heißt in Calbe die Zwiebel.

Die Teufelsburg stammt aus dem 14. Jahrhundert. Um zu ihr zu gelangen, durchwandert man einen großen Akazienwald, oben angekommen, hat man einen weiten Blick in die Landschaft. Eigentlich heißt das Gebäude Burg Neufelsberg, im Volksmund aber Teufelsburg genannt. Manchmal kann man dort angeblich einen Ritter schreien hören, der seine Seele dem Teufel verkauft hat.

SLS

SAARLOUIS
Kreis: Saarlouis
Bundesland: **Saarland**

SLN

SCHMÖLLN
Kreis: Altenburger Land
Bundesland: **Thüringen**

Ein Industriezweig hat die Stadt Schmölln seit 1867 geprägt: die Herstellung von Knöpfen. Als Material wurden die Samen der Steinnusspalme verwendet, da Perlmutt zum damaligen Zeitpunkt schon ein sehr teures Rohmaterial war. Bis 1900 gab es 29 Knopffabriken in Schmölln. Das führte dazu, dass 1895 der Verband der Steinnussfabrikanten im Ort gegründet wurde.

Im Bergwinkelmuseum gibt es eine Modelleisenbahnanlage, die einen Streckenabschnitt der Bahnlinie Frankfurt/Fulda zeigt. Und es gibt »Lummerland«, die berühmte Insel mit zwei Bergen, auf der »Lukas der Lokomotivführer« mit seiner Lok »Emma« und »Jim Knopf« viele spannende Abenteuer erlebt.

SLÜ

SCHLÜCHTERN
Kreis: Main-Kinzig-Kreis
Bundesland: **Hessen**

SLZ

BAD SALZUNGEN
Kreis: Wartburgkreis
Bundesland: **Thüringen**

In einen Badeort zur Kur zu fahren, wurde Anfang des 19. Jahrhunderts populär. Von dieser Mode profitierte auch Bad Salzungen, das sich in dieser Zeit von einem Landstädtchen in einen Kurort verwandelte, in den Gäste aus ganz Europa reisten. Im Museum am Gradierwerk kann man nachverfolgen, wie sich das Kuren im Laufe der Zeit verändert hat.

Schwabmünchen liegt ca. 20 km von Augsburg entfernt. Wahrzeichen der Stadt sind die sogenannten Hexentürmchen. Die Türmchen gehören zu einem Tor, das damals zur bischöflichen Vogtei führte. Es stammt wahrscheinlich aus dem 16. Jahrhundert.

SMÜ

SCHWABMÜNCHEN
Kreis: Augsburg
Bundesland: **Bayern**

SM

SCHMALKALDEN-MEININGEN
Kreis: Schmalkalden-Meiningen
Bundesland: **Thüringen**

In Schmalkalden existiert ein Erlebnisbahnhof. Angesprochen werden alle Sinne: Tasten, Schmecken, Hören, Sehen und Fühlen. Jeder kann bei Experimenten mitmachen und darf Exponate anfassen. Die Erfahrungswelt Blinder kann man in Dunkelräumen nachvollziehen.

In Schwerin bestimmt das Schloss das Stadtbild. Man kann es besichtigen, und vielleicht trifft man dort auch den berühmten Geist, der es bewohnt: das Petermännchen. Wahrscheinlich ist das Petermännchen ein verwunschener Prinz, genau weiß man es aber nicht.

SN

(auslaufend)
SCHWERIN
Stadt Schwerin
Bundesland:
Mecklenburg-Vorpommern

D SO

SOEST
Kreis: Soest
Bundesland: **Nordrhein-Westfalen**

All die Grünsandstein-Gemäuer, Türme und Kirchen der Bördestadt entdeckt man von der fast vollständig erhaltenen Wallmauer aus. Adelshöfe aus dem 13. Jahrhundert und Fachwerkbauten aus dem 16. bis 18. Jahrhundert: Das Mittelalter ist hier in allen Straßenzügen spürbar.

D SOG

SCHONGAU
Kreis: Weilheim-Schongau
Bundesland: **Bayern**

Im Mittelalter war Schongau eine Nebenresidenz der bayerischen Herzöge. Dank des Lechs war der Ort ein Handelszentrum, das Reisende und Händler anzog. In den Monaten August und September gibt es die Möglichkeit, mit einem historischen Fernhandelsfloß das mittlere Lechtal entlangzufahren, das fast an einen Fjord erinnert.

D SOB

SCHROBENHAUSEN
Kreis: Neuburg-Schrobenhausen
Bundesland: **Bayern**

Schrobenhausen liegt inmitten des bekanntesten bayerischen Spargelanbaugebiets. Deshalb findet sich in der Stadt auch das Europäische Spargelmuseum. Eine bunte Sammlung rund um den Spargel beschäftigt sich mit der Botanik, dem Anbau, der Geschichte und zeigt Kurioses und Kunst, die sich mit dem edlen Gemüse beschäftigt. Vom alten Kochbuch bis zur wertvollen Spargelzange fehlt nichts.

D SOK

SAALE-ORLA-KREIS
Kreis: Saale-Orla-Kreis
Bundesland: **Thüringen**

Ein Buch, das praktisch jeder kennt, wurde 1872 in Schleiz fertiggestellt: der Duden. Konrad Duden lebte von 1869 bis 1876 in Schleiz. Dort schrieb er auch »Die deutsche Rechtschreibung«, das Buch, das als Duden bekannt wurde.

SÖM

SÖMMERDA
Kreis: Sömmerda
Bundesland: **Thüringen**

Rund um Sömmerda wurde und wird immer noch in kleinen Mengen Pfefferminze angebaut. Damit die geerntete Ware weitertransportiert werden konnte, wurde die Pfefferminzbahn gebaut. Sie wurde 1874 eröffnet und hat eine Länge von 53 km.

SP

(auslaufend)
SPEYER
Stadt Speyer
Bundesland: **Rheinland-Pfalz**

In Speyer steht der bedeutendste romanische Sakralbau Europas und eines der bedeutendsten romanischen Gebäude überhaupt: der Kaiserdom zu Speyer. Er hat sechs Türme und eine Länge von 134 Metern. Die Mauern sind über sechs Meter stark und außen mit vielen Figuren und Ornamenten geschmückt.

SON

SONNEBERG
Kreis: Sonneberg
Bundesland: **Thüringen**

Sonneberg gilt als die Spielwarenstadt. Bis heute gibt es dort neun Hersteller, die ihre Waren in die ganze Welt verkaufen. 1901 wurde in der Stadt das Deutsche Spielzeugmuseum gegründet. Dort kann man Spielzeug aus verschiedenen Jahrhunderten bewundern, selbst spielen, aber auch etwas lernen: Denn wer weiß schon, wie Spielzeug vor 5000 Jahren aussah?

SPB

SPREMBERG
Kreis: Spree-Neiße
Bundesland: **Brandenburg**

Möchte man einen guten Blick auf Spremberg haben, dann sollte man sich zum Bismarck-Turm am Georgenberg begeben. Der Grundstein für den Turm wurde im April 1902 gelegt. Errichtet wurde er aus Dankbarkeit dem Reichskanzler Otto Fürst von Bismarck gegenüber. Bis heute ist er ein Wahrzeichen der Stadt.

SPN

SPREE-NEISSE
Kreis: Spree-Neiße
Bundesland: **Brandenburg**

Burg im Spreewald ist flächenmäßig eine der größten Gemeinden Deutschlands, weil sich die drei Ortsteile Burg-Dorf, Burg-Kolonie und Burg-Kauper über eine weite Fläche verstreut haben. Der Ortsname Kauper lehnt sich an das sorbische Wort für Insel an: Kupa. Ein Teil der Häuser in Kauper steht wirklich wie auf einer Insel und ist von Wasser umgeben.

SRB

STRAUSBERG
Kreis: Märkisch-Oderland
Bundesland: **Brandenburg**

Die Strausseefähre ist einzigartig in Europa! Angetrieben von einem Elektromotor, der aus einer Oberleitung über den See versorgt wird, fährt sie von einem zum anderen Ufer. Geführt wird sie von zwei Stahlseilen, einem Antriebs- und einem Führungsseil. Die Fähre steht unter Denkmalschutz.

SR

STRAUBING
Kreis/Stadt:
Straubing-Bogen/Straubing
Bundesland: **Bayern**

Jedes Jahr im August findet in Straubing das Gäubodenfest, eines der größten Volksfeste in Bayern, statt. Dann gibt's Achterbahn, Höllenblitz und andere wilde Fahrgeschäfte. Mit dabei ist immer die Ostbayernschau, schließlich liegen die Anfänge des Gäubodenfestes in einer Landwirtschaftsschau. Zum Abschluss gibt es jedes Jahr ein Großfeuerwerk.

SRO

STADTRODA
Kreis: Saale-Holzland-Kreis
Bundesland: **Thüringen**

Gegründet wurde das Zisterzienser-Nonnenkloster in Stadtroda im Jahr 1240 und knapp 300 Jahre später 1534 wurde es bereits aufgehoben. Eine Zeit lang diente der Bau als Bier- und Weinkeller, bis man 1560 begann, Material abzubauen und die Ziegel und Balken für andere Bauten zu nutzen. Diese Klosterruine ist also von Menschenhand gemacht.

D ST

STEINFURT
Kreis: Steinfurt
Bundesland: **Nordrhein-Westfalen**

Das Steinfurter Bagno war vor über 200 Jahren ein 50 Hektar großer Park, der mit zahlreichen Attraktionen viele Besucher anlockte. Inmitten des Parks steht ein unscheinbares Gebäude: die Konzertgalerie. Sie ist der älteste freistehende Konzertsaal Europas. Ihr Vorbild war die Schlossgalerie in Versailles. Als der Saal um 1774 erbaut wurde, öffnete man während der Konzerte die bodentiefen Türen, sodass auch die Menschen draußen die Musik hören konnten.

Der sogenannte »Sternberger Kuchen« wird besonders häufig in der Umgebung von Sternberg gefunden. Es handelt sich nicht um ein Gebäck, sondern um ein Gestein, das eine Millionen Jahre alte Unterwasserwelt umschließt. Bei genauerem Hinsehen kann man Muscheln, Schnecken, Krebse, Fischzähne und Weichtiere entdecken. Der »Sternberger Kuchen« ist ein Beweis dafür, dass Teile Mecklenburgs von Meer bedeckt waren.

D STB

STERNBERG
Kreis: Ludwigslust-Parchim
Bundesland:
Mecklenburg-Vorpommern

D STA

STARNBERG
Kreis: Starnberg
Bundesland: **Bayern**

Das Buchheim-Museum am Starnberger See spricht alle Sinne an. Im Zentrum steht eine bedeutende Expressionistensammlung, daneben wird Kunsthandwerk aus aller Welt gezeigt. Untergebracht ist das Museum in einem von Günther Behnisch konzipierten Baukörper, der in einem zwölf Meter über dem See schwebenden Steg endet.

Im Kreis Stade gibt es ein kleines Venedig, Buxtehude. 1285 wurde im Stadtkern ein sogenanntes Fleet angelegt. Ein Fleet ist ein künstlich angelegter Wasserlauf, im Fall von Buxtehude ist es ein künstlich angelegter Hafen. Eine Bronzestatue, der Fleetkieker, schaut Tag für Tag in das Wasser hinein.

D STD

STADE
Kreis: Stade
Bundesland: **Niedersachsen**

STE

BAD STAFFELSTEIN
Kreis: Lichtenfels
Bundesland: **Bayern**

Das Rathaus von Bad Staffelstein ist Wahrzeichen der Stadt. Aus dem Mittelalter erhalten sind noch Teile der Grundmauer. Das Gebäude darüber wurde ab 1685 errichtet. 1492 wurde Adam Riese, der Rechenmeister, der im Sprichwort »Nach Adam Riese« zitiert wird, in Bad Staffelstein geboren. An der Rückseite des Rathauses kann man ihn mit einem seiner Schüler entdecken.

SU

SIEGBURG
Kreis: Rhein-Sieg-Kreis
Bundesland: **Nordrhein-Westfalen**

Zur Benediktinerabtei Michaelsberg, Wahrzeichen von Siegburg, führt ein Fußweg hinauf. Auf halber Höhe liegt der sogenannte Hexenturm, auf einer Terrasse wurde ein sehenswerter Rosengarten angelegt. Wer noch Puste hat, steigt auf den Kirchturm. Von hier oben hat man einen schönen Blick auf die gesamte Umgebung.

STL

STOLLBERG (ERZGEBIRGE)
Kreis: Erzgebirgskreis
Bundesland: **Sachsen**

Carl von Bach wurde am 8. März 1847 in Stollberg geboren. Der berühmte Ingenieur war einer der Gründer des Technischen Überwachungsvereins, des heutigen TÜV. Er revolutionierte die Ingenieursausbildung. Zu seinen Freunden zählten Männer wie Graf Zeppelin, Rudolf Diesel, die Gebrüder Daimler und Robert Bosch.

SUL

SULZBACH
Kreis: Amberg-Sulzbach
Bundesland: **Bayern**

An einem der südöstlichen Chorpfeiler der Stadtpfarrkirche St. Marien in Sulzbach steht eine mannshohe Steinfigur, die den hl. Wenzel darstellt. Die Gesichtszüge ähneln Kaiser Karl IV. 1355 schickte er Reliquien mit der Aufforderung nach Sulzbach, die Kirche zu vergrößern und Verschönerungen vorzunehmen.

SÜW

SÜDLICHE WEINSTRASSE

Kreis: Südliche Weinstraße

Bundesland: **Rheinland-Pfalz**

Im Wild- und Wanderpark Südliche Weinstraße bei Silz leben 400 verschiedene Tiere aus 15 verschiedenen Arten. Das Besondere: Ein Teil der Tiere läuft frei durch den Park, sodass man ihnen direkt begegnen kann.

SW

SCHWEINFURT

Kreis/Stadt: Schweinfurt

Bundesland: **Bayern**

Mit der Sammlung Georg Schäfer kann Schweinfurt mit Kunstwerken aufwarten, die in einem Atemzug mit denen der Tate Gallery in London oder der Nationalgalerie in Berlin genannt werden. Der Schwerpunkt liegt auf Arbeiten des ausgehenden 18. bis zum Beginn des 20. Jahrhunderts.

SWA

BAD SCHWALBACH

Kreis: Rheingau-Taunus-Kreis

Bundesland: **Hessen**

Das Moorbadehaus in Bad Schwalbach wurde am 8. Mai 1905 eröffnet und war zur damaligen Zeit ein modernes Badehaus. Das Moor wurde mit Heilwasser aus den Schwalbacher Brunnen angereichert und auf 42 Grad erhitzt. Der Badegast hatte während seines Aufenthalts eine eigene Wanne. Das Moorbad konnte so mehrfach für denselben Kurgast verwendet werden.

SY

SYKE

Kreis: Diepholz

Bundesland: **Niedersachsen**

Ein sensationeller Goldschatz wurde in Syke-Gessel ca. 3400 Jahre nachdem er vergraben worden war gefunden. 117 Objekte aus reinem Gold, die sorgfältig verpackt in einem Beutel aus Tuch und Fell nur einen Meter unter der Erdoberfläche lagen. Verschlossen war der Beutel mit Bronzenadeln. Gefunden wurden die Objekte aus der Bronzezeit beim Bau einer Erdgas-Pipeline.

SZ

SALZGITTER

Stadt Salzgitter

Bundesland: **Niedersachsen**

Der Reihersee liegt im Salzgitter-Höhenzug und ist ein echter Geheimtipp unter Naturfreunden. Rund um den See und auf dem See haben sich sehr viele Wasservögel angesiedelt. Hat man Geduld und ein gutes Fernglas dabei, kann man sie beobachten.

SZB

SCHWARZENBERG (ERZGEBIRGE)
Kreis: Erzgebirgskreis
Bundesland: **Sachsen**

Nach Beendigung des Zweiten Weltkriegs wurde Deutschland nach bereits zuvor getroffenen Absprachen unter den Siegermächten aufgeteilt. Damit die Versorgung der Bevölkerung sichergestellt war, übernahmen Militärkommandanturen die Verwaltungsaufgaben. Der ehemalige Landkreis Schwarzenberg blieb allerdings sechs Wochen lang unbesetzt. Diese Begebenheit greift Stefan Heym in seinem Roman »Schwarzenberg« als Stoff auf.

TDO

TORGAU, DELITZSCH, OSCHATZ
Kreis: Nordsachsen
Bundesland: **Sachsen**

In Delitzsch, einem Ort im Kreis, steht ein 600 Jahre altes Barockschloss, das inmitten eines malerischen Gartens liegt. Hier kann man sehen, wie im 17. und 18. Jahrhundert die Witwen der Herzöge von Sachsen-Merseburg und ihre Bediensteten lebten. Übrigens: Dort gibt es auch den Werksverkauf einer Schokoladenfabrik.

TBB

TAUBERBISCHOFSHEIM
Kreis: Main-Tauber-Kreis
Bundesland: **Baden-Württemberg**

Tauberbischofsheim hat einen ganz besonderen Ruf als Stadt der Fecht-Olympiasieger und -Weltmeister. In der Pestalozziallee steht das Bundesleistungszentrum. In der Kaderschmiede kann man den Sportlern beim Training zusehen und sich über den Fechtsport informieren.

TE

TECKLENBURG
Kreis: Steinfurt
Bundesland: **Nordrhein-Westfalen**

Der Name Otto Modersohn ist eng verbunden mit der Landschaftsmalerei und der Künstlerkolonie Worpswede. Am 22. Februar 1865 geboren, verbrachte er ab 1880 viel Zeit in Tecklenburg, bei seinem Bruder, der den damals noch studierenden Otto Modersohn unterstützte. Gerade während der Tecklenburger Zeit gelangte der Künstler zu seiner Berufung als Landschaftsmaler. Das Otto-Modersohn-Museum Tecklenburg zeigt Bilder aus dieser Schaffensperiode.

TET

TETEROW
Kreis: Rostock
Bundesland:
Mecklenburg-Vorpommern

Am Wochenende vor Pfingsten wird in Teterow das Hechtfest gefeiert, das auf einen Schildbürgerstreich der Teterower zurückgeht: Die Stadtfischer fingen einen riesigen Hecht, viel zu groß, um auf der Geburtstagsfeier der Bürgermeistersgattin verspeist zu werden. Also beschloss man, ihn für das Schützenfest aufzuheben. Weil die Fischer nicht wussten, wie sie den Hecht bis dahin frisch halten sollten, banden sie ihm ein Glöckchen um den Hals und markierten die Stelle am Boot, an der sie ihn ausgesetzt hatten. Der Hecht wurde nie wieder gesehen …

TG

TORGAU
Kreis: Nordsachsen
Bundesland: **Sachsen**

Der »Handschlag von Torgau« ist in die Geschichtsbücher eingegangen. Am 25. April 1945 begegneten sich auf der Elbbrücke drei amerikanische und drei sowjetische Soldaten und begrüßten sich lachend und mit Handschlag. Ein Bild mit Symbolcharakter, das immer wieder abgedruckt wurde und wird, zeigte es doch, dass das Ende des Krieges nah war. Bei Schloss Hartenfels gibt es ein Denkmal, das an diese Begegnung erinnert.

TF

TELTOW-FLÄMING
Kreis: Teltow-Fläming
Bundesland: **Brandenburg**

Es gibt eine berühmte »Bewohnerin« des Kreises, eine Speiserübe, die »Teltower Rübchen« genannt wird. Goethe, Kant und sogar der französische Hof liebten das feine Gemüse und ließen sich damit beliefern. Zubereiten kann man die kleinen Rüben auf recht unterschiedliche Arten: Man kann sie als Salat essen, als Gemüsebeilage zubereiten oder eine Suppe daraus kochen. Den Rübchen macht Frost wenig aus, sodass man sie von Oktober bis März ernten kann.

TIR

TIRSCHENREUTH
Kreis: Tirschenreuth
Bundesland: **Bayern**

Das archäologische Freilandmuseum Bärnau-Tachov lädt ein zu einer Zeitreise in den Alltag des 9. bis 13. Jahrhunderts. In einem frühmittelalterlichen slawischen Dorf kann man diese Zeit selbst miterleben und hat zahlreiche Gelegenheiten, selbst aktiv zu werden.

TO

TORGAU-OSCHATZ
Kreis: Nordsachsen
Bundesland: **Sachsen**

Der »Wilde Robert« ist eine Schmalspurbahn. Sie bediente ab 1885 die Strecke Oschatz-Mügeln und bereits ab 1884 die Strecke Mügeln-Döbeln. Ab 1897 zogen Dampfloks aus der Maschinenfabrik R. Hartmann in Chemnitz die Züge, die hauptsächlich Fracht transportierten. Auf der Oschatzer Strecke verrichten heute noch zwei der alten Maschinen ihren Dienst.

TP

TEMPLIN
Kreis: Uckermark
Bundesland: **Brandenburg**

Sogenannte »Wiekhäuser« unterbrechen immer wieder die Templiner Stadtmauer. Sie hat nämlich nicht im üblichen Sinn einen Wehrgang auf ihren Zinnen. Deshalb wurden die Wiekhäuser, halbrunde Wehrtürme, geschaffen. Bei einem Angriff ermöglichten sie es, die Feinde aus mehreren Richtungen zu beschießen.

TÖL

BAD TÖLZ
Kreis: Bad Tölz-Wolfratshausen
Bundesland: **Bayern**

Von der Isarbrücke aus kann man in einer Viertelstunde Fußweg auf den Kalvarienberg mit Kreuzweg gelangen. Hier endet jedes Jahr am 6. November der Leonhardi-Ritt. In Trachten gekleidet und zu Pferd oder mit der Kutsche, ziehen dann Bauern und Bürger dort hinauf. Schön ist von hier der Blick über den Isarwinkel.

TR

TRIER
Kreis/Stadt: Trier-Saarburg/Trier
Bundesland: **Rheinland-Pfalz**

Wer Spielzeug mag, kann sich im Spielzeugmuseum Trier Raritäten ansehen. Dort gibt es Puppen, altes Blechspielzeug oder seltene Steifftiere, wie die Fledermaus Eric. Dampfmaschinen, die das Industriezeitalter einläuteten, wurden von der Spielzeugindustrie im Miniaturformat hergestellt. Die Besucher dürfen eine dieser Maschinen selbst bedienen.

TS

TRAUNSTEIN
Kreis: Traunstein
Bundesland: **Bayern**

Das Stadtmuseum in Traunstein beherbergt eine große Sammlung Spielzeug. Blechautos, die aus den Jahren 1895 bis 1960 stammen, alte Märklin- und Bing-Eisenbahnwaggons und -loks, aber natürlich auch Puppen, Teddybären, Kaufmannsläden und Puppenstuben. Und wer nach der Besichtigung noch nicht müde ist, geht weiter zum Stadtmodell von 1880 oder informiert sich über die Saline.

TUT

TUTTLINGEN
Kreis: Tuttlingen
Bundesland: **Baden-Württemberg**

Im Kreis Tuttlingen versickert die Donau im Kalkgestein und tritt rund 12 km später wieder an die Oberfläche. Die Quelle wird Aachtopf genannt und ist die stärkste Quelle Deutschlands. Im Mittel schüttet sie 8590 Liter pro Sekunde aus. Mit dem Wasser, das in zwei Stunden hervorquillt, kann man den Bodensee mit 50-Liter-Kannen dicht an dicht umstellen.

TÜ

TÜBINGEN
Kreis: Tübingen
Bundesland: **Baden-Württemberg**

Zu Tübingen gehört der Stocherkahn auf dem Neckar wie die Gondel auf einem Kanal zu Venedig. Aber das Stocherkahnfahren ist gar nicht so einfach: Die Stangen sind bis zu 7 m lang und wiegen zwischen 5 und 10 kg. Wer Lust hat, kann in Tübingen ein Stocherkahn-Diplom erwerben und ein »echter« Stocherer werden.

UE

UELZEN
Kreis: Uelzen
Bundesland: **Niedersachsen**

In Uelzen gibt es einen Bahnhof, der von Friedensreich Hundertwasser gestaltet wurde bzw. umgebaut wurde. Jetzt ist dieser Bahnhof bunt und sieht gar nicht mehr aus wie ein Bahnhof. Schon am Eingang steht eine feuerrote bauchige Säule. Wenn man möchte, kann man an einer Führung teilnehmen, die die Architektur erklärt, aber auch die Idee, die dahintersteht: mehr Akzeptanz für Bahnreisen zu schaffen.

D UEM

UECKERMÜNDE

Kreis: Vorpommern-Greifswald

Bundesland: **Mecklenburg-Vorpommern**

Die Uecker fließt direkt durch Ueckermünde und ermöglicht in der Altstadt einen Hafen. Links und rechts der Uecker kann man am Hafenbecken entlanglaufen und mehrfach täglich ein Spektakel der besonderen Art beobachten: den Brückenzug, das Aufklappen der Zugbrücke, um Schiffe ein- und auslaufen zu lassen.

D UFF

UFFENHEIM

Kreis: Neustadt a. d. Aisch-Bad Windsheim

Bundesland: **Bayern**

DAS Fest in Uffenheim ist das Walpurgifest. Die Walpurgisnacht, die vom 30. April auf den 1. Mai gefeiert wird, hat ihren Namen von Walburga, einer Königstochter, die um 735 als Missionarin nach Deutschland kam und, nachdem sie einige Wunder vollbracht hatte, heiliggesprochen wurde.

D UH

UNSTRUT-HAINICH

Kreis: Unstrut-Hainich-Kreis

Bundesland: **Thüringen**

In Niederdorla liegt einer der geografischen Mittelpunkte Deutschlands. Der Mittelpunkt kann mit verschiedenen Methoden vermessen werden, und je nach Methode fällt das Ergebnis anders aus.

D UER

UECKER-RANDOW

Kreis: Vorpommern-Greifswald

Bundesland: **Mecklenburg-Vorpommern**

Die »Wappen von Ueckermünde« ist ein Zweimaster, aber ein barrierefreier. Das heißt Menschen im Rollstuhl oder mit einem anderen Handicap können auf diesem Schiff nicht nur mitsegeln, sondern richtig mitarbeiten. Ein tolles Naturerlebnis und Gemeinschaftserlebnis! Der Heimathafen des Schiffs ist Ueckermünde, dort liegt es startklar.

D UL

ULM

Kreis/Stadt: Alb-Donau-Kreis/Ulm

Bundesland: **Baden-Württemberg**

Das Ulmer Münster ist die größte evangelische Kirche in Deutschland und es ist die Kirche mit dem höchsten Kirchturm der Welt. Genau 161,53 Meter ist er hoch. Besteigen kann man ihn bis zu einer Höhe von 142 Metern, dafür muss man aber 768 Treppenstufen erklimmen. Im 14. Jahrhundert wurde der Bau dieser Kirche begonnen und seine mittelalterliche Bausubstanz ist nahezu vollständig erhalten geblieben.

UM

UCKERMARK
Kreis: Uckermark
Bundesland: **Brandenburg**

Die Uckermark ist eine der am dünnsten besiedelten Regionen in Deutschland. Dafür gibt es in der Region über 400 Seen. Am Scharfrichtersee gibt es speziell für Kinder ein Naturerlebniszentrum, in dem man Tiere beobachten kann, und einen Tierpark, in dem Streicheln erwünscht ist. Ein spannender Lehrpfad erklärt alles über erneuerbare Energien.

USI

USINGEN
Kreis: Hochtaunuskreis
Bundesland: **Hessen**

Die Landschaft im Hochtaunus ist geprägt von weichen Hügeln. Daraus erheben sich die Eschbacher Klippen oberhalb von Usingen-Eschbach. Diese bis zu 12 Meter hohe Felswand ist Teil eines sechs Kilometer langen Quarzganges, der nur an dieser Stelle sichtbar ist. Das eindrucksvolle Naturdenkmal ist bei Kletterern sehr beliebt.

UN

UNNA
Kreis: Unna
Bundesland: **Nordrhein-Westfalen**

Faszinierend ausgeleuchtet sind die Kellerräume der ehemaligen Lindenbrauerei, in der heute das Zentrum für Internationale Lichtkunst zu Hause ist. International anerkannte Lichtkünstler haben dafür Rauminstallationen geschaffen. Originell: Darauf aufmerksam macht ein 52 m hoher Schornstein, an dem die »Fibonacci-Reihe« dargestellt ist: Jede Zahl ist dabei gleich der Summe der beiden vorangegangenen Zahlen.

V

VOGTLAND
Kreis: Vogtlandkreis
Bundesland: **Sachsen**

Die »Erlebniswelt Musikinstrumentenbau« in Markneukirchen macht allen Musikbegeisterten große Freude: In drei Erlebniswerkstätten kann man Instrumentenbauern bei ihrer Arbeit zusehen. Es entstehen Geige, Kontrabass und Blechblasinstrumente. Fragen zur Funktionsweise eines Instruments werden beantwortet und wer kann und möchte probiert eines aus.

VAI

VAIHINGEN
Kreis: Ludwigsburg
Bundesland: **Baden-Württemberg**

Alles was man schon immer über Bonbons wissen wollte, wird im Vaihinger Bonbon-Museum erklärt. Erfunden wurde die Leckerei im 8. Jahrhundert im Vorderen Orient. Warum man ein Bonbon lutscht, wenn man husten muss, mit welchen Maschinen die Süßigkeit hergestellt wird und seit wann es Bonbons mit Werbeaufdrucken gibt, all diese und noch viel mehr Fragen werden beantwortet.

VEC

VECHTA
Kreis: Vechta
Bundesland: **Niedersachsen**

Bei Vechta gibt es auf der A1 zwischen Holdorf und Neuenkirchen-Vörden eine Autobahnraststätte »Dammer Berge«, die ein Brückenrestaurant beherbergt. Das Gebäude ist wie eine Brücke über die A1 gespannt, und man kann, während man gemütlich bei Kaffee und Kuchen durch das Fenster blickt, den Autos auf ihrem Weg von A nach B zuschauen. In Deutschland gibt es nur zwei Brücken-Raststätten.

VB

VOGELSBERG
Kreis: Vogelsbergkreis
Bundesland: **Hessen**

Die Region Vogelsberg ist Europas größtes Vulkangebiet. Seit 10 Millionen Jahren ist der Vulkan nicht mehr aktiv. Das Gebiet kann beim Wandern oder auf Radtouren erkundet werden.

VER

VERDEN
Kreis: Verden
Bundesland: **Niedersachsen**

Im Kreis Verden liegt das Künstlerdorf Fischerhude. Dort leben seit 1895 bildende Künstler. Damals wurde der Ort als das »Dorf der Bauern und Künstler« bezeichnet. Einer der Kunstschaffenden war z. B. Otto Modersohn. Im Modersohn-Museum kann man heute den Nachlass dieses Malers bewundern.

VG

VORPOMMERN-GREIFSWALD
Kreis: Vorpommern-Greifswald
Bundesland: **Mecklenburg-Vorpommern**

Die Insel Usedom ist die sonnenreichste Gegend Deutschlands. Hier gibt es lange Sandstrände, aber auch Steilufer und Dünenlandschaften. Im Naturpark der Insel findet man die verschiedensten Landschaftsformen wie z. B. Moore, aber auch Buchenwälder.

VIE

VIERSEN
Kreis: Viersen
Bundesland:
Nordrhein-Westfalen

Dieser Kreis ist eine der grünsten Regionen Deutschlands. Viele Herrenhäuser und schmucke Städtchen gibt es hier. Schöne Plätze am Wasser kann man zu Fuß, per Rad oder per Boot im Naturpark Schwalm-Nette entdecken. Er liegt zwischen der niederländischen Grenze und Niers.

VIT

VIECHTACH
Kreis: Regen
Bundesland: **Bayern**

Die gläserne Scheune ist ein Gesamtkunstwerk. Weithin sichtbar ist der »Raubühler Riese«, der vom Scheunenturm herabgrüßt. Ihren Namen hat die Scheune allerdings von der riesigen Glasmalerei: Auf über 200 m² wurden von Rudolf Schmid Bayerwaldlegenden dargestellt, vom Räuber Heigl bis zum Mühlhiasl.

VIB

VILSBIBURG
Kreise: Landshut, Rottal-Inn
Bundesland: **Bayern**

Die Vils durchfließt Vilsbiburg und ist auch Namensgeberin der Stadt, doch woher kommt das »Biburg«? Das Wort leitet sich vom gotischen Wort »bibaurgeins« ab. Seine Bedeutung: befestigtes Lager. Vilsbiburg ist also das Lager an der Vils.

VK

VÖLKLINGEN
Stadt Völklingen
Bundesland: **Saarland**

Die Völklinger Hütte wurde zum Weltkulturerbe ernannt. Sie ist eine ehemalig Eisenhütte, die zu großen Teilen noch besichtigt werden kann und in der Ausstellungen stattfinden. Die Gichtbühne beispielsweise ist 27 Meter hoch und kann in ihrer vollen Länge von 240 Metern begangen werden.

VOH

VOHENSTRAUSS
Kreis: Neustadt a. d. Waldnaab
Bundesland: **Bayern**

Das Edelsteinmuseum »Schätze der Oberpfalz« entstand aus einer Privatsammlung und zeigt mineralogische Besonderheiten aus der ganzen Welt. Der Schwerpunkt liegt aber auf den Gesteinen aus der Oberpfalz. Seltene Phosphatmineralien und Funde aus dem Flussspatrevier bei Wölsendorf liegen in den Vitrinen.

Bei Donaueschingen fließen Brigach und Breg zusammen und dann als einer der bekanntesten Flüsse Europas weiter, als Donau. Die Donau ist bis zu ihrer Mündung ins Schwarze Meer 2775 km lang. In Donaueschingen selbst gibt es eine Karstaufstoßquelle, die seit Tiberius als »eigentliche« Donauquelle gilt.

VS

VILLINGEN-SCHWENNINGEN
Kreis: Schwarzwald-Baar-Kreis
Bundesland: **Baden-Württemberg**

VR

VORPOMMERN-RÜGEN
Kreis: Vorpommern-Rügen
Bundesland:
Mecklenburg-Vorpommern

Die Insel Rügen bietet auch archäologische Besonderheiten mit einer Vielzahl von Bodendenkmälern, wie z. B. ein Megalithgrab, wo man unter anderem eine arabische Münze gefunden hat.

Wahrzeichen der Stadt ist die 1901 erbaute Schwebebahn, die seit 1997 unter Denkmalschutz steht. In knapp 12 Metern Höhe kann man bei einer Spitzengeschwindigkeit von 60 Stundenkilometern durch die Stadt schweben. 20 Bahnhöfe gibt's entlang der Strecke, vom Jugendstil-Bahnhof Werther Brücke bis zum supermodernen Glaspalast Kluse.

W

WUPPERTAL
Stadt Wuppertal
Bundesland: **Nordrhein-Westfalen**

D WA

WALDECK
Kreis: Waldeck-Frankenberg
Bundesland: **Hessen**

Waldeck liegt am Edersee, einem der größten Stauseen Europas. Die Staumauer wurde von 1908 bis 1914 aus 300 000 Kubikmetern Bruchstein gebaut. Ursprünglich diente die Konstruktion dem Hochwasserschutz und der Stromgewinnung. Heute ist der See eine große touristische Attraktion und bietet einen hohen Freizeitwert.

D WAK

WARTBURGKREIS
Kreis: Wartburgkreis
Bundesland: **Thüringen**

Der Nationalpark Hainich schützt den »Urwald Deutschlands«. In diesem Nationalpark liegt das größte zusammenhängende Laubwaldgebiet Europas. Über einen Baumkronenpfad kann man auch in die sonst unzugänglichen Gebiete laufen. Wobei dieser Kreis noch eine Besonderheit ausweist: Dort werden Zigarren hergestellt!

D WAF

WARENDORF
Kreis: Warendorf
Bundesland: **Nordrhein-Westfalen**

Warendorf ist die Stadt der Pferde, man sieht sie überall auf den Koppeln rings um die Stadt. Das Nordrhein-Westfälische Landgestüt hat hier seinen Sitz, die Stallungen mit 160 Pferden sind tagsüber geöffnet. Von Pferden inspiriert ist auch die Spezialität der Stadt: Warendorfer »Pferdeäppel«, aus Schokoladentrüffeln hergestellt.

D WAN

WANNE-EIKEL
Stadt Herne
Bundesland: **Nordrhein-Westfalen**

Am 1. Januar 1975 wurde Wanne-Eikel mit der Stadt Herne zusammengeschlossen. Der wichtigste Erwerbszweig in Wanne-Eikel war lange Zeit der Bergbau. Eine der Zechen hieß Pluto, benannt nach dem griechischen Gott der Unterwelt. Von 1862 bis zum März 1976 wurde in dieser Zeche regelmäßig gefördert, in den starken Jahren lag die Fördermenge bei fast 1 000 000 Tonnen Steinkohle.

WAT

WATTENSCHEID
Stadt Bochum
Bundesland: **Nordrhein-Westfalen**

Von 1926 bis 1974 war Wattenscheid eine kreisfreie Stadt, seit Januar 1975 gehört Wattenscheid zu Bochum. In der Probsteikirche von St. Gertrud von Brabant ist die Nachbildung eines mehr als 1000 Jahre alten Taufsteins zu bewundern, der Motive aus Jesu Leben zeigt.

WBS

WORBIS
Kreis: Eichsfeld
Bundesland: **Thüringen**

Im Alternativen Bärenpark Worbis kann man Bären und Wölfe auf einem vier Hektar großen Gelände beobachten. Die Besucher laufen durch einen Tunnel und sind so mittendrin im Lebensraum der Tiere. Die Tiere in diesem Park stammen alle aus Gefangenschaft und wurden schlecht gehalten. In dem Freigelände können sie ihre natürlichen Verhaltensweisen wieder entdecken.

WB

WITTENBERG
Kreis: Wittenberg
Bundesland: **Sachsen-Anhalt**

Immer noch wird darüber diskutiert, ob Martin Luther seine 95 Thesen wirklich 1517 an die Türen der Wittenberger Schlosskirche genagelt hat oder nicht. 2006 fand man eine Notiz von Luthers engstem Mitarbeiter Georg Rörer. Er schrieb auf dem letzten Blatt eines gedruckten Neuen Testaments, dass es so gewesen sei.

WDA

WERDAU
Kreis: Zwickau
Bundesland: **Sachsen**

Das Wahrzeichen von Werdau ist die Annoncenuhr. Sie steht südlich vom Markt und ist eine altmodische Litfaßsäule, in die eine Uhr integriert wurde. Bereits 1304 wird Werdau in einer Urkunde erwähnt. Dank ihrer Lage zwischen Ostthüringen und Sachsen spielte die Stadt immer schon eine wichtige Rolle für das Umland.

WE

(auslaufend)

WEIMAR

Stadt Weimar

Bundesland: **Thüringen**

In Weimar hat Goethe lange gelebt und viele seiner wichtigen Werke entstanden dort. 1782 zog der Dichter als Mieter in das Haus am Frauenplan ein. Er blieb bis zu seinem Tod 1832 dort, unterbrochen nur von längeren Auslandsaufenthalten. Im Garten des Hauses, der der Versorgung der Familie mit Obst und Gemüse diente, führte Goethe botanische Versuche durch. Das Haus kann man besichtigen.

WEN

WEIDEN

Stadt Weiden in der Oberpfalz

Bundesland: **Bayern**

Im Internationalen Keramikmuseum Weiden können Kinder im Rahmen von Führungen auch selbst künstlerisch tätig werden. Nach einer Expedition durch die Kulturgeschichte der Keramik steht die Museumswerkstatt bereit, um dort erste praktische Erfahrungen zu sammeln.

WEL

WEILBURG

Kreis: Limburg-Weilburg

Bundesland: **Hessen**

Herzog Adolph von Nassau ließ in Weilburg den einzigen Schiffstunnel Deutschlands bauen. Grund für den Tunnelbau war, Transportmöglichkeiten für Rohstoffe aus dem Lahntal heraus bis hin zum Rhein zu schaffen. 1847, bei seiner Eröffnung, war der Tunnel ein Meisterwerk der Ingenieurkunst. Schon bald wurde er aber von der Bahnstrecke Koblenz – Gießen abgelöst.

WER

WERTINGEN

Kreis: Dillingen a. d. Donau, Augsburg

Bundesland: **Bayern**

Das Wertinger Ofenmuseum zeigt Holzöfen vom 18. Jahrhundert bis ins 20. Jahrhundert hinein. Alle Ausstellungsstücke wurden aufwendig restauriert. An den Öfen kann man nicht nur ablesen, wie sich das Heizverhalten verändert hat, vielmehr noch sieht man an ihnen, wie sich die Wohnkultur entwickelte. Jede Epoche hat ihre eigenen Verzierungen.

WES

WESEL
Kreis: Wesel
Bundesland: **Nordrhein-Westfalen**

Seit dem Mittelalter feiert man in Wesel das Hansefest. Da der Hansebund seine Blütezeit im Mittelalter hatte, gibt es mittelalterliche Umzüge und natürlich auch mittelalterliche Essensstände. Das Festival findet jedes Jahr am letzten Oktoberwochenende statt.

Wilhelmshaven hat den einzigen Tiefwasserhafen Deutschlands, das heißt, in diesen Hafen können auch die großen Containerschiffe einfahren. Das Wattenmeer wurde 2009 von der UNESCO in die Liste des Weltnaturerbes aufgenommen. Im Wattenmeerhaus kann man diesen einzigartigen Lebensraum mit allen Sinnen hautnah erleben.

WHV

WILHELMSHAVEN
Stadt Wilhelmshaven
Bundesland: **Niedersachsen**

WF

WOLFENBÜTTEL
Kreis: Wolfenbüttel
Bundesland: **Niedersachsen**

In Schöppenstedt gibt es das Till-Eulenspiegel-Museum. Dort erfährt man alles, was es über den mittelalterlichen Narren zu berichten gibt. Wobei man bis heute nicht weiß, ob es ein lebendes Vorbild für ihn gab. Eulenspiegel zeichnet sich dadurch aus, dass er alles, was ihm gesagt wird, wörtlich nimmt und er dadurch immer wieder in Schwierigkeiten gerät.

Schon vor 2000 Jahren planschten die Römer in heißen Quellen, genau dort, wo heute die Kurstadt Wiesbaden liegt. Damals hieß es noch Aquae Mattiacorum und war ein Verwaltungszentrum des Römischen Reichs. Immer wenn in Wiesbaden gebaut wird, muss vorsichtig gegraben werden, denn man weiß nie, auf welche römischen Schätze man stößt.

WI

WIESBADEN
Stadt Wiesbaden
Bundesland: **Hessen**

WIL

WITTLICH
Kreis: Bernkastel-Wittlich
Bundesland: **Rheinland-Pfalz**

In Wittlich gibt es ein Straßenfest, bei dem mehr als 100 Schweine für einen »Vorfahren« am Spieß gebraten büßen müssen. Das Fest heißt Säubrennerkirmes. Anlass für die Rache ist die Belagerung der Stadt im Jahr 1397. Damals fand man den Riegel für ein Stadttor nicht und nahm kurzerhand eine Rübe, um das Tor zu verriegeln. In der Nacht fraß eine Sau die Rübe. Das Tor stand offen und der Feind konnte in die Stadt eindringen.

WIT

WITTEN
Kreis: Ennepe-Ruhr-Kreis
Bundesland: **Nordrhein-Westfalen**

Das Wasserkraftwerk Hohenstein ist seit 1986 ein Baudenkmal. Seine äußere Hülle ist ein gutes Beispiel für expressionistische Architektur. Entworfen wurde das Bauwerk von Edmund Körner. Erbaut wurde das Werk von 1922 bis 1925. Bis 1996 konnte es mit den originalen Turbinen betrieben werden.

WIS

WISMAR
Kreis: Nordwestmecklenburg
Bundesland:
Mecklenburg-Vorpommern

Durch Wismar fließt einer der ältesten künstlichen Wasserläufe: die Grube. Die Grube wurde bereits im 13. Jahrhundert reguliert und aufgestaut. Brannte es in der Stadt, konnten in ihren Abfluss Richtung Ostsee große eiserne Tore gehängt werden. Dadurch staute sich das Wasser und es gab genügend Löschwasser in der Stadt.

WIZ

WITZENHAUSEN
Kreis: Werra-Meißner-Kreis
Bundesland: **Hessen**

Witzenhausen ist die Kirschenstadt. 150 000 Kirschbäume stehen um die Stadt herum. Sie blühen jedes Jahr Ende April, Anfang Mai – ein wunderschönes Naturschauspiel. Jedes Jahr im Juli wird die Kesperkirmes gefeiert. Kesper bedeutet im Dialekt Kirsche. Die Kirschenkönigin wird während des Volksfests gewählt und die »Deutsche Meisterschaft« im Kirschkernweitspucken findet statt.

WK

WITTSTOCK/DOSSE
Kreis: Ostprignitz-Ruppin
Bundesland: **Brandenburg**

Wittstock war bereits 1244 komplett ummauert. Früher hatte die Stadtmauer eine Höhe von 9 bis 11 Metern, heute ist sie 4 bis 8 Meter hoch. Einmalig an dieser Mauer: Sie ist komplett aus Backsteinen im Klosterformat gemauert. Im Mittelalter mauerte man mit diesem Format hauptsächlich Kirchen und Klöster.

WLG

WOLGAST
Kreis: Vorpommern-Greifswald
Bundesland: **Mecklenburg-Vorpommern**

Die Peenebrücke in Wolgast ist eine der beiden Brücken, die die Insel Usedom mit dem Festland verbinden. Der Spitzname der kombinierten Eisenbahn- und Straßenklappbrücke lautet »Blaues Wunder«. Die Brücke öffnet sich für den Schiffsverkehr maximal für 15 Minuten. Schiffe, die die Brückenpassage nutzen möchten, können ein Aufforderungssignal geben – zwei lange Töne.

WL

WINSEN (LUHE)
Kreis: Harburg
Bundesland: **Niedersachsen**

In Egestorf gibt es einen Barfuß-Erlebnis-Park, in dem man nicht nur über Steine, Wiesen, durch Wasser oder Schlamm laufen kann, dort kann man auch Glas und andere spannende Materialien unter den Füßen spüren. Doch das ist noch nicht alles: Es gibt Riech- und Fühlkästen, Kneipp-Becken, einfach viel Natur.

WM

WEILHEIM
Kreis: Weilheim-Schongau
Bundesland: **Bayern**

Durch ein herrliches Hochmoorgebiet kann man über einen Bohlenweg, den sogenannten Brettleweg Steingaden, zur Wieskirche gelangen. Schon seit Jahrhunderten pilgern Gläubige zu dieser Wallfahrtskirche, die als Wunder des Rokoko gilt und inmitten einer sanft hügeligen Landschaft liegt.

WMS

WOLMIRSTEDT
Kreis: Börde
Bundesland: **Sachsen-Anhalt**

Die Auerbachs Mühle liegt westlich der Innenstadt von Wolmirstedt. Sie wurde 1842 von der Müllerfamilie Auerbach erbaut. Die zerfallene Mühle wurde 1992 saniert. Bei der Auerbachs Mühle handelt es sich um eine Bockwindsmühle, die sich dadurch auszeichnet, dass das ganze Gebäude auf einem dicken Pfahl steht.

Die Straße der Skulpturen führt von St. Wendel nach Baltersweiler. 16 Skulpturen wurden entlang des Weges platziert. Manche Kunstwerke wie z. B. der Liebesthron können »erklettert« werden.

WND

ST. WENDEL
Kreis: St. Wendel
Bundesland: **Saarland**

WN

WAIBLINGEN
Kreis: Rems-Murr-Kreis
Bundesland: **Baden-Württemberg**

Die Wiege des Benzinmotors steht in Schorndorf. Dort kam 1834 Gottlieb Daimler auf die Welt. Er baute 1882 zusammen mit Wilhelm Maybach den ersten Benzinmotor. Mit dieser Erfindung war dann auch das Automobil geboren.

In Worms steht einer der drei rheinischen Kaiserdome. Er wurde um 1150 gebaut. Große Ereignisse fanden hier statt: Leo IX. wurde zum Papst gewählt, Kaiser Friedrich II. verheiratete sich. Anlässlich des Reichstags zu Worms im Jahr 1521 musste sich der Reformator Martin Luther vor dem Kaiser verantworten.

WO

WORMS
Stadt Worms
Bundesland: **Rheinland-Pfalz**

D WOB

WOLFSBURG
Stadt Wolfsburg
Bundesland: **Niedersachsen**

Wolfsburg ist die Autostadt in Deutschland. Schon die Gründung der Stadt 1938 hängt mit dem Aufbau eines Autowerks zusammen. 1955 rollte in Wolfsburg der einmillionste Käfer vom Band. Das Werk gibt es immer noch. Dort werden alle Fabrikate, die zum Volkswagenkonzern gehören, präsentiert.

D WOL

WOLFACH
Kreis: Ortenaukreis
Bundesland: **Baden-Württemberg**

Wolfach liegt an der Kinzig. Die Kinzig war früher floßbar. Heute hat man eine kurze Strecke in Wolfach wieder floßtauglich gemacht. So kann alle zwei Jahre das Wolfacher Floßhafenfest stattfinden. An den Tagen zuvor wird ein Kinzigfloß gebaut. Der Höhepunkt des Festes kommt, wenn 17 Wolfacher Männer auf das Floß steigen und auf einer Flutwelle bachabwärts fahren – kein leichtes Unterfangen.

D WOH

WOLFHAGEN
Kreis: Kassel
Bundesland: **Hessen**

Unter den Gebrüdern Grimm gab es auch einen Maler: Ludwig Emil Grimm. Als Leutnant kam er im Jahr 1814 nach Wolfhagen. Er malte etliche Stadtansichten. Außerdem nützte er die Zeit dort, viele Illustrationen für die Märchensammlung seiner Brüder anzufertigen.

D WOR

WOLFRATSHAUSEN
Kreise: Bad Tölz-Wolfratshausen, München, Starnberg
Bundesland: **Bayern**

Die Loisach und die Isar sind die beiden Flüsse, die das Bild Wolfratshausens prägen. Etwas nördlich der Stadt fließen sie zusammen, am sogenannten Isarspitz. In Wolfratshausen gibt es einen Märchenpark mit vielen Attraktionen, die wildeste ist die Oachkatzelbahn, mit der man durch die Wipfel des Waldes braust.

WOS

WOLFSTEIN
Kreis: Freyung-Grafenau
Bundesland: **Bayern**

An der höchsten Stelle des Wolfsteinbergs erhebt sich eine Burgruine. Wahrscheinlich wurde die Burg Mitte des 12. Jahrhunderts erbaut. Gottfried von Sülzburg, der sich später Wolfstein nannte und die gleichnamige Burg bewohnte, erhielt von König Karl IV. das Recht, unterhalb der Burg eine Stadt Wolfstein zu gründen. Dazu kam es allerdings nie.

WRN

WAREN
Kreis: Mecklenburgische Seenplatte
Bundesland: **Mecklenburg-Vorpommern**

Das »Kleine Fischereimuseum« erzählt viel über den Arbeitsalltag der Müritzfischer, aus der Neuzeit genauso wie aus alten Zeiten. Historische Arbeits- und Fanggeräte sind zu sehen und die Fische, die damit gefangen wurden. Erklärt werden auch all die anderen Tierarten, die in den Gewässern um Waren heimisch sind.

WR

WERNIGERODE
Kreis: Harz
Bundesland: **Sachsen-Anhalt**

Auf dem Marktplatz von Wernigerode, der umgeben ist von wunderschönen Fachwerkhäusern, steht der sogenannte Wohltäterbrunnen. 1848 wurde der Brunnen aus Eisen gegossen. Tafeln auf dem Brunnen erinnern an Menschen, die sich um die Stadt verdient gemacht haben. Eine Tradition, die sich bis heute fortgesetzt hat.

WS

WASSERBURG AM INN
Kreis: Rosenheim
Bundesland: **Bayern**

Wasserburg hatte seine Blütezeit im Mittelalter. Neben den Privilegien, die der Stadt erteilt wurden, hat einen ganz besonderen Beitrag dazu die hölzerne Inn-Brücke geleistet. An der engsten Stelle führt sie über den Fluss. Dank ihr konnte man das ganze Jahr über die Stadt zu Fuß oder zu Pferd erreichen. 1338 wurde die Brücke zum ersten Mal erwähnt.

WSF

WEISSENFELS
Kreis: Burgenlandkreis
Bundesland:
Sachsen-Anhalt

Im Alter von 13 Jahren zog Friedrich von Hardenberg, der unter dem Namen Novalis (1772–1801) als Schriftsteller bekannt ist, nach Weißenfels. Er lebte dort in der Klosterstr. 24, bis er schon mit 28 Jahren starb. Er hatte Jura und später noch Bergwerkskunde, Chemie und Mathematik studiert. Er schrieb neben seiner Tätigkeit in der Saline. Die Gedenkstätte in seinem ehemaligen Wohnhaus würdigt die literarischen Arbeiten und seine naturwissenschaftlichen Forschungen.

Bis heute bekannt ist die Wagenfeld-Lampe, eine Lampe mit Glasschirm, die von Wilhelm Wagenfeld entworfen wurde. Wagenfeld, der am Bauhaus in Weimar arbeitete, entwarf auch Gläser nach dem Motto: »Auch das allereinfachste Glas kann schön sein.« Er wollte ein »klassenloses Design«, eines, das für Arm und Reich gleichermaßen funktioniert. Im Glasmuseum Weißwasser gibt es eine Spezialsammlung zu seinen Gläsern.

WSW

WEISSWASSER
Kreis: Görlitz
Bundesland: **Sachsen**

WST

WESTERSTEDE
Kreis: Ammerland
Bundesland: **Niedersachsen**

Zwischen der Rhododendronstadt Westerstede und Ocholt kann man mit einer Draisine fahren. Zwei Personen müssen strampeln und zwei können einfach nur die Fahrt durch das Ammerland genießen. Auf der Strecke gibt es die Möglichkeit, Rast zu machen, dazu muss aber die Draisine aus dem Gleis gehoben werden. An Kreuzungen hat übrigens der Autoverkehr Vorrang, das ist anders als beim Zug.

Nicht nur die Stadt heißt Waldshut-Tiengen, sondern auch ein großes Rheinschiff. Mit diesem Schiff kann man bis nach Koblenz fahren. 1808 wurde die erste Fähre zwischen Waldshut und Full in Betrieb genommen. Das war aber nur ein kleiner Kahn. Das heutige Schiff kann 110 Personen befördern.

WT

WALDSHUT-TIENGEN
Kreis: Waldshut
Bundesland: **Baden-Württemberg**

WTL

WITTLAGE
Kreis: Osnabrück
Bundesland:
Niedersachsen

In Wittlage steht eine Burg, die 1309 vom Osnabrücker Bischof Engelbert erbaut wurde. Am auffälligsten ist der Bergfried. Ein 33 Meter hoher, sieben geschossiger Turm, dessen Mauern beinahe 4 Meter dick sind. Heute ist in der Burg eine Jugendbegegnungsstätte untergebracht.

WTM

WITTMUND
Kreis: Wittmund
Bundesland:
Niedersachsen

Ostfriesland kennt jeder, aber dass der Kreis Wittmund heißt, ist wahrscheinlich nicht bekannt. In Carolinensiel kann man »Phänomania« besuchen. Diese Ausstellung wurde im historischen Bahnhof eingerichtet. Dort kann man physikalische Experimente ausprobieren, z. B. an einem Flaschenzug oder im Astronautentrainer. Testen kann man auch, ob man es alleine schafft, einen Trabbi anzuheben ...

WÜ

WÜRZBURG
Kreis/Stadt: Würzburg
Bundesland: **Bayern**

Die Würzburger Residenz gilt als Hauptwerk des süddeutschen Barock. Die UNESCO verlieh ihr bereits 1981 den Titel eines zum Welterbe gehörenden Kunstwerks. Erbaut wurde sie um 1730 von Balthasar Neumann, als genial gilt seine freitragende Treppenhauskonstruktion im Inneren des Gebäudes.

WUG

WEISSENBURG
Kreis: Weißenburg-Gunzenhausen
Bundesland: **Bayern**

Vor allem Kinder möchte das Römer-Museum und Limes-Informationszentrum Weißenburg in die römische Kultur einführen. »Kleinod« des Museums ist der berühmte Schatz von Weißenburg, der größte römische Schatzfund in Deutschland, der 1979 in einem Acker entdeckt wurde und ein einzigartiges Dokument für römische Kulturgeschichte darstellt.

WÜM

WALDMÜNCHEN
Kreis: Cham
Bundesland: **Bayern**

Im Juli und August finden vor der alten Stadtmauer Waldmünchens die Trenckfestspiele statt. Franz von der Trenck war ein Pandurenoberst und eine der schillerndsten Gestalten in der kaiserlich-österreichischen Heeresgeschichte. Nachgestellt wird das Jahr 1742. Damals zog der Freiherr mit seinem wilden Gefolge durch Bayern.

WUN

WUNSIEDEL

Kreis: Wunsiedel im Fichtelgebirge

Bundesland: **Bayern**

Im Greifvogelpark Katharinenpark kann man 50 Tag- und Nachtgreifvögel in großräumigen und artgerechten Volieren erleben. Die Anlage gilt als eine der modernsten und fortschrittlichsten in Europa, sie ist anerkannt als Forschungs- und Zuchtstation für Greifvögel und Eulen. Der Besucher kann Verhalten, Balz und Aufzucht von Jungvögeln hautnah miterleben.

Die Region Westerwald heißt auch »Kannenbäckerland«, weil dort viele Kannen gebacken, also aus Ton hergestellt wurden. Deshalb gibt es in Höhr-Grenzenhausen auch ein großes Keramikmuseum, das historische und zeitgenössische Keramik und Kunst aus Keramik zeigt.

WW

WESTERWALD

Kreis: Westerwaldkreis

Bundesland: **Rheinland-Pfalz**

WUR

WURZEN

Kreis: Leipzig

Bundesland: **Sachsen**

Hans Gustav Bötticher wurde am 7. August 1883 in Wurzen geboren. Besser bekannt ist er unter dem Namen Joachim Ringelnatz. Bis heute werden seine Gedichte gelesen, in die er immer ganz eigene Wortschöpfungen einbaute. Das Museum in Wurzen hat eine große Ringelnatz-Sammlung. Auf dem Ringelnatzbrunnen in Wurzen thront auf einem Seepferdchen ein Klabautermann, der die Gesichtszüge des Sprachkünstlers trägt.

Sieht man sich den Wetzlarer Dom genauer an, dann erkennt man schnell: Die Fassade ist nicht fertig. Ein Teil der Fassade ist verputzt, ein anderer besteht aus rotem Sandstein und hin und wieder ragen grüne Steine heraus. Zu einem großen Portal gibt es keine Treppe. Wie kam es dazu? Die Stadt wollte eine spätromanische Basilika abbauen, um einen eindrucksvolleren Neubau an derselben Stelle zu errichten, eine Finanzkrise im 14. Jahrhundert kam dazwischen.

WZ

WETZLAR

Stadt Wetzlar

Bundesland: **Hessen**

D WZL

WANZLEBEN
Kreis: Börde
Bundesland: **Sachsen-Anhalt**

Niederungsburgen sind benannt nach dem Ort, an dem sie stehen, in einer Talsohle oder auf dem flachen Land. Höhenburgen, die auf Felsen oder Anhöhen errichtet wurden, sind deutlich leichter zu verteidigen als Erstere. Die Burg Wanzleben, die heute ein Hotel ist, ist eine der größten Niederungsburgen Europas.

D ZE

ZERBST
Kreis: Anhalt-Bitterfeld
Bundesland: **Sachsen-Anhalt**

Die Adresse in Zerbst lautet »Schlossfreiheit«. Dort stehen zwei Kavaliershäuser, die um 1707 herum im barocken Stil umgebaut wurden. Angelegt waren sie als Wohnhäuser für die hochrangigen Hofbeamten. Heute findet man in einem der beiden das Rathaus und eine Sammlung zur russischen Zarin, Katharina der Großen, die als Prinzessin von Anhalt-Zerbst zwei Jahre im Schloss lebte.

D Z

ZWICKAU
Kreis: Zwickau
Bundesland: **Sachsen**

August Horch gründete 1904 in Zwickau ein Werk, das Luxusautomobile herstellte. Später wurden hier Modelle von Audi und der Trabant produziert. Im Automobilmuseum kann man diese und andere alte Karossen in den 1930er-Jahren nachempfundenen Straßenzügen inklusive Tankstelle bestaunen, außerdem gibt's einen Film über die Automobilproduktion. Ein Muss für Autofans.

D ZEL

ZELL
Kreis: Cochem-Zell
Bundesland: **Rheinland-Pfalz**

»Schwarze Katz« heißt die berühmteste Zeller Weinlage nach folgender Begebenheit: 1863 fand mit Weinhändlern eine Weinprobe statt. Am Ende konnten sie sich nicht zwischen drei Fässern entscheiden. Da kam die Frau des Weinhändlers in Begleitung einer schwarzen Katze in den Keller, die Katze sprang auf ein Fass und fauchte jeden an, der dem Fass zu nahe kam. Das Fass nahmen die Händler mit. Kurz darauf kauften sie alle Fässer aus derselben Lage, weil sich genau dieser Wein hervorragend verkauft hatte!

D ZI

ZITTAU
Kreis: Görlitz
Bundesland: **Sachsen**

Einzigartig in Deutschland sind die »Zittauer Fastentücher«. Etwa um 1000 herum kam in den katholischen Gotteshäusern der Brauch auf, während der 40 Tage Fastenzeit vor Ostern alle Reliquien und Kreuze zu verhüllen. Das Große Zittauer Fastentuch war die Gabe eines Getreide- und Gewürzhändlers. Es war von 1472 bis 1672 in Gebrauch. 1840 entdeckte man es zufällig hinter einem Bibliotheksregal wieder.

1907 gründete ein Däne, Jörgen Skafte Rasmussen, eine Maschinenfabrik, 1922 wurde das erste Zweitaktmotorrad gefertigt und bereits 1929 waren es 60 000 Stück! Die Maschinen aus Zschopau waren international erfolgreich. In der Ausstellung »MotorradTräume« auf Schloss Wildeck kann man viele der alten DKW-Maschinen sehen.

D ZP

ZSCHOPAU
Kreis: Erzgebirgskreis
Bundesland: **Sachsen**

D ZIG

ZIEGENHAIN
Kreis: Schwalm-Eder-Kreis
Bundesland: **Hessen**

Ziegenhain ist ein Stadtteil von Schwalmstadt. Betrachtet man Ziegenhain aus der Luft, sieht man deutlich die Wasserfestung, die Landgraf Philipp von Hessen von 1537 bis 1546 erbauen ließ. Das unregelmäßige Viereck der Festung mündet an allen vier Ecken in Bollwerke. Der Graben ist 40 Meter breit und acht Meter tief. Die Festung war so gut wie uneinnehmbar.

Das Rathaus von Zeulenroda ist ein klassizistischer Monumentalbau, allerdings nicht von einem Architekten geplant. Der große Palazzo wurde von dem Zeulenrodaer Strumpfwarenverleger Christian Heinrich Schopper (1787–1864) entworfen. Er war Autodidakt und hatte sich sein architektonisches Wissen angelesen und es auf Reisen vertieft.

D ZR

ZEULENRODA
Kreis: Greiz
Bundesland: **Thüringen**

ZW

ZWEIBRÜCKEN
Kreis/Stadt: Südwestpfalz/ Zweibrücken
Bundesland: **Rheinland-Pfalz**

Im Rosengarten in Zweibrücken blühen über 50 000 Rosen aus immerhin 2000 verschiedenen Sorten und Arten. Die Königin der Blumen wird begleitet von über 800 Staudensorten und 500 verschiedenen Ziergehölz- und Baumarten. Zweibrücken ist aber nicht nur die Stadt der Rosen, sondern auch die der Rosse, der »Zweibrücker Warmblüter«.

ZZ

ZEITZ
Kreis: Burgenlandkreis
Bundesland: **Sachsen-Anhalt**

Im Juni 1895 gründete sich in Zeitz ein Imkerverein, der sich ebenfalls im Juni 1990 noch einmal gründete. Der Verein hat einen Bienenlehrgarten erschaffen, das Apiarium, was so viel wie Bienenhaus bedeutet, der über das Tier und die Honiggewinnung informiert. Der schöne Garten befindet sich am Georgius-Agricola- Klinikum.

Deutsche Sonderkennzeichen

D B Landesbehörden von Berlin	D BBL Landesbehörden von Brandenburg	D BD Bundestag, Bundesrat, Bundes-präsidialamt, Bundesministerien, Bundesverfassungsgericht	D BP Bundespolizei	D BW Wasser- und Schifffahrts-verwaltung des Bundes	D BWL Landesbehörden von Baden-Württemberg	D BYL Landesbehörden von Bayern
D HB Landesbehörden von Bremen	D HEL Landesbehörden von Hessen	D HH Landesbehörden von Hamburg	D LSA Landesbehörden von Sachsen-Anhalt	D LSN Landesbehörden von Sachsen	D MVL Landesbehörden von Mecklenburg-Vorpommern	D NL Landesbehörden von Niedersachsen
D NRW Landesbehörden von Nordrhein-Westfalen	D RPL Landesbehörden von Rheinland-Pfalz	D SAL Landesbehörden von Saarland	D SH Landesbehörden von Schleswig-Holstein	D THL Landesbehörden von Thüringen	D THW Technisches Hilfswerk	D X Nato-Hauptquartiere in Deutschland
D Y Bundeswehr	D 0 Fahrzeug mit Diplomatenausweis	D 0-1 Bundespräsident	D 0-2 Bundeskanzler	D 0-3 Bundesaußenminister	D 0-4 Erster Staatssekretär im Auswärtigen Amt	D 1-1 Bundestagspräsident

Österreich

AM	Amstetten
B	Bregenz
BA	Bad Aussee (auslaufend)
BL	Bruck an der Leitha
BM	Bruck an der Mur
BN	Baden
BR	Braunau am Inn
BZ	Bludenz
DL	Deutschlandsberg
DO	Dornbirn
E	Eisenstadt
EF	Eferding
EU	Eisenstadt-Umgebung
FB	Feldbach
FE	Feldkirchen
FF	Fürstenfeld
FK	Feldkirch
FR	Freistadt
G	Graz
GB	Gröbming
GD	Gmünd
GF	Gänserndorf
GM	Gmunden
GR	Grieskrichen
GS	Güssing
GU	Graz-Umgebung
HA	Hallein
HB	Hartberg
HE	Hermagor
HF	Hartburg-Fürstenfeld
HL	Hollabrunn
HO	Horn
I	Innsbruck-Stadt
IL	Innsbruck-Land
IM	Imst
JE	Jennersdorf
JO	St. Johann im Pongau
JU	Judenburg
K	Klagenfurt
KB	Kitzbühel
KF	Knittelfeld
KI	Kirchdorf an der Krems
KL	Klagenfurt-Land
KO	Korneuburg
KR	Krems-Land
KS	Krems an der Donau
KU	Kufstein
L	Linz
LA	Landeck
LB	Leibnitz
LE	Leoben-Stadt
LF	Lilienfeld
LI	Liezen
LL	Linz-Land
LN	Leoben-Land
LZ	Lienz
MA	Mattersburg
MD	Mödling
ME	Melk
MI	Mistelbach
MT	Murtal
MU	Murau
MZ	Mürzzuschlag
ND	Neusiedl am See
NK	Neunkirchen
OP	Oberpullendorf
OW	Oberwart
P	St. Pölten-Stadt
PE	Perg
PL	St. Pölten-Land
RA	Radkersburg
RE	Reutte
RI	Ried im Innkreis
RO	Rohrbach
S	Salzburg-Stadt
SB	Scheibbs
SD	Schärding
SE	Steyr-Land
SL	Salzburg-Land
SO	Südoststeiermark
SP	Spittal an der Drau
SR	Steyr-Stadt
SV	St. Veit an der Glan
SW	Schwechat
SZ	Schwaz
TA	Tamsweg
TU	Tulln
UU	Urfahr-Umgebung
VB	Vöcklabruck
VI	Villach-Stadt
VK	Völkermarkt
VL	Villach-Land
VO	Voitsberg
W	Wien-Stadt
WB	Wiener Neustadt-Land
WE	Wels-Stadt
WL	Wels-Land
WN	Wiener Neustadt-Stadt
WO	Wolfsberg
WT	Waidhofen an der Thaya
WU	Wien-Umgebung
WY	Waidhofen an der Ibbs
WZ	Weiz
ZE	Zell am See
ZT	Zwettl

Schweiz

AG	Aargau
AI	Appenzell Innerrhoden
AR	Appenzell Ausserrhoden
BE	Bern
BL	Basel-Landschaft
BS	Basel-Stadt
FR	Freiburg
GE	Genf
GL	Glarus
GR	Graubünden
JU	Jura
LU	Luzern
NE	Neuenburg
NW	Nidwalden
OW	Obwalden
SG	St. Gallen
SH	Schaffhausen
SO	Solothurn
SZ	Schwyz
TG	Thurgau
TI	Tessin
UR	Uri
VD	Waadt
VS	Wallis
ZG	Zug
ZH	Zürich

Europa

A
ÖSTERREICH

AL
ALBANIEN

AND
ANDORRA

B
BELGIEN

BG
BULGARIEN

BIH
BOSNIEN UND HERZEGOWINA

BY
WEISSRUSSLAND

CH
SCHWEIZ

CY
ZYPERN

CZ
TSCHECHIEN

D
DEUTSCHLAND

DK
DÄNEMARK

E
SPANIEN

EST
ESTLAND

EUR
EUROPÄISCHE KOMMISSION

F
FRANKREICH

FL
LIECHTENSTEIN

FIN
FINNLAND

GB
GROSSBRITANNIEN UND NORDIRLAND

GR
GRIECHENLAND

H
UNGARN

HR
KROATIEN

I
ITALIEN

IRL
IRLAND

Europa

IS
ISLAND

L
LUXEMBURG

LT
LITAUEN

LV
LETTLAND

M
MALTA

MC
MONACO

MD
MOLDAWIEN

MK
MAZEDONIEN

MNE
MONTENEGRO

N
NORWEGEN

NL
NIEDERLANDE

P
PORTUGAL

PL
POLEN

RKS
KOSOVO

RO
RUMÄNIEN

RSM
SAN MARINO

RUS
RUSSLAND

S
SCHWEDEN

SK
SLOWAKEI

SLO
SLOWENIEN

SRB
SERBIEN

TR
TÜRKEI

UA
UKRAINE

V
VATIKANSTADT

Bildnachweis

© Getty Images: AmandaLewis; AndreasWeber; Bluejayphoto; Brand X Pictures; Comstock; Comstock Images; Davidevison; Davidp; Design Pics, dmbaker; Dynamic Graphics; E_Y_E; german-images; GgWink; GlobalP; goce; Gueholl; jadeginseng; JensKlingebiel; jinjoo222988; jita; John Foxx; kontrast-fotodesign; kotomiti; LaurenSimmons; Manfredxy; manwolste; menabrea; mikegol; Mirefa; MKucova; nikonbadz; nyiragongo; ollo; PavelSmilyk; PeJo29; Photos.com; Polka Dot Images; prill; radhoose; rolfbodmer; schmidt-z; Searagen; SebastianHamm; senorcampesino; serezniy; simon91germany; Soundsnaps; spaceport9; starmuc; SteffenHoejager; Stockbyte; swinnerrr; TBE; TongRo Images Inc; typo-graphics; Zoonar RF

© Dpa Picture-Alliance GmbH: Dpa; dpa – Bildarchiv; dpa – Fotoreport; dpa – Report; picture alliance/akg-images; picture alliance/AP Photo; picture alliance/Arco Images GmbH;picture alliance/Artcolor; picture alliance/Bildagentur-online; picture alliance/Bildarchiv Monheim; picture alliance/blickwinkel; picture alliance/chromorange;picture alliance/dpa-Zentralbild; picture alliance/DUMONT Bildarchiv; picture alliance/Euroluftbild; picture-alliance/ Vintage; picture alliance/Westend61; picture-alliance/ZB; picture alliance/ZB/euroluftbild; ZB – Fotoreport; ZBFUNKREGIO OST; ZB – Special

© Nature Picture Library: Ingo Arndt; Dietmar Nill

© stock.adobe.com: 1324104; ah_fotobox; Alex Green; Ali Zett; Alta.C; Alterfalter; André Reichardt; Andrea Sachs; Andreas Gruhl; Andy Ilmberger; animaflora; aotearoa; arabimages; ARochau; ArTo; ArtusArt; Artusius; askaja; AVTG; Axel Gutjahr; babelsberger; Bastos; Bea Busse; benno hansen; Bernd Kröger; Bernd S.; bflh; BildPix.de; BirgitMundtOsterw.; Björn Wylezich; Blickfang; bluesky6867; Branko Srot; Brightlight; Britta Laser; C. Rietsch; C.Plischek; CeHa; ChiccoDodiFC; Christoph Jansa; cityanimal; Cornelia Pithart; crimson; cynoclub; Dan Race; Daniel Etzold; Daniel Heid; demarfa; Dennis Keck; dennisvdwater; Diana; dieter76; Dirk Houben; Dirk Lieder; DM7; Dmytro Smaglov; dp@pic; Eckhard Henkel; Eric Isselée; Erik Schumann; ErnstPieber; etfoto; Eyesart; eyewave; Fernando Soares; flyfisher; fothoss; foto_design; foto_tech; fotobeam. de; FotoFrank; foto-genial.de; fotograupner; fotoinho; Fotolyse; fotomek; fotoping; fotowinnie; Franco Deriu; Frank; FrankPeter Funke; Friedberg; Frofoto; gallas; garteneidechse; Giuseppe Blasioli; goce risteski; Gordon Bussiek; gummelhanni; H. Brauer; haiderose; hans klein; hanseat; Harald Biebel; hean; Heike Jestram; Heike Rau; Heiner Witthake; helfei; Helga; Henry Czauderna; hitman1234; HLPhoto; Holger Jank; hydebrink; Ilhan Balta; Impala; ines39; Ingo Bartussek; INTERPIXELS; Irina Fischer; Jan Junger; Jan the Manson; jarma; Jearu; Jens Junge; jiggo; JK; Joe.Gockel; Joerg Krumm; Johannes Lüthi; jrossphoto; juancarlos1969; Jürgen Fälchle; Jürgen Fischer; Jutta Adam; JWS; kacege; Kaesler Media; Kalle Kolodziej; kameraauge; Kara; Karina Baumgart; kasparart; kingan; Klaus Eppele; Klaus Rose; knaufb; kniveset; Konstantin Yolshin; krasky; L.Bouvier; Lachfix; lagom; laufer; lavillia; lcrms; legabatch; lehmannw; Leonardo Franko; letsdance1; LianeM; licooo1; Lichtmaler; Lilli; l-pics; luna1904; lu-photo; M. Schuppich; Makuba; Manuel Schönfeld; Manuela Klopsch; Marek Kosmal; Marén Wischnewski; Mario Hagen; Markus Mainka; Martina Berg; masit; Matthias Buehner; Matthias Ott; Max; mekcar; mh90photo; mhp; Michael Rosskothen; Michael Siller; Michael Wolf; Michel Angelo; mije shots; milphoto; mipan; mirkograul; Miroslava Holasová; mojolo; multilens; nasik; Natalie Prinz; neuhold.photography; nickolae; Nicolette Wollentin; Norbert Wilhelmi; Olexandr; Olivier DELAYE; Omika; Osterland; osterwelle; Otmar Smit; Otto Durst; oxie99; Paul Fleet; Paul Maguire; Peer Marlow; PeJo; Peter Günther; Petra Hilke; philipus; Photo Tuller; Pixelheld; pixelrecord; Pixler; piyaset; popeyeka; Popova Olga; psakis; pure-life-pictures; pusteflower9024; qphotomania; Raphael Daniaud; rcfotostock; reimax16; reinhard sester; Rico K.; Robert Neumann; rook76; RRA; Rudolf Ullrich; runzelkorn; S.Kobold; S.Külcü; salsasusa; Sandor Jackal; schachspieler; schulzfoto 42; sdecoret; seenooo1; sehbaer_nrw; Sergey Kohl; sichkarenko_com; Siegfried Schnepf; Simone Andress; siwi1; skyf; slop; smoke666; Stefan Yang; Stephan Sühling; steschum; st-fotograf; Stillfx; suedwind1; Sven Petersen; TASPP; tedoo7; ThKatz; Tho-Jo; Thomas Neumahr; thomasknospe; till beck; Tobias Pick; tobiasgrad; Torsten Radmann; traveldia; travelguide; travelpeter; triptychon; twoandonebuilding; UbjsP; Udo Kruse; Ulrike; utamaria; Uwe Lütjohann; Uwe Mahnke; Vacclav; venemama; Visions-AD; visualpower; Vladimir Kant; Vladimir Wrangel; vloenerjung; VRD; wil100378; Wim Verhagen; wkbilder; Wolfgang Kruck; World travel images; zatletic

Sonstige: © Augsburger Puppenkiste „Elmar Herr/Augsburger Puppenkiste" S.3; © Hagen Hartwig, S. 4; Sammlung VSE e.V. S. 9;© Museum Alzey/blu S.10; © Stadt Buchen (Odw.) S. 12; © Stadtverwaltung Bischofswerda S. 16; © Museumsdorf Cloppenburg, Niedersächsisches Freilichtmuseum S. 24; © Rainer Pellenz S. 25; © Bildarchiv Stadtinformation Calw S. 26; © VHS-Fotogruppe Dillingen S. 31; © Stadtverwaltung Eilenburg S.34; © Radke (F60) S. 35; © Stadt Gladbeck, Fotograf: Hans Blossey S. 52; © STERNEVENT GmbH Zeiss-Planetarium Jena S. 74; © FrankenTherme S.80; © Stadt Lörrach Fotograf Lasse Brander S.89; © LOLLYPOP e.V. S.89; © Heimatmuseum im Salzhaus S. 95; © Stadt Melle S.95; © Große Kreisstadt Mosbach Stadtmarketing S. 100; © Clemens-Sels-Museum Neuss S.106; © Fremdenverkehrsamt Stadtsteinach S. 134; © Stadtmuseum Traunstein/S. Eminger S.153; © Stadt Donaueschingen/C. Everke S. 158; © Stadt Bochum, Referat für Kommunikation S. 160; © Stadt Weilburg an der Lahn S. 161; © Alois DENZEL KG S. 161

Es wurde jede Anstrengung unternommen, die Bildnachweise korrekt zu erstellen und die Copyright Inhaber aller Bilder zu ermitteln. Der Verlag entschuldigt sich für alle unvollständigen Angaben und wird gegebenenfalls Korrekturen in zukünftigen Ausgaben vornehmen.

MIX
Papier aus verantwortungsvollen Quellen
FSC® C020056
www.fsc.org

Friedrichstraße 9, 80801 München

Text: Annette Maas
ISBN 978-3-8458-3535-8
www.arsedition.de